TATIJANA MILOVIC

Rewrite your life

SCHREIBEND SICH SELBST ENTDECKEN

kailash

Der Verlag weist ausdrücklich darauf hin, dass im Text enthaltene externe Links nur bis zum Zeitpunkt der Buchveröffentlichung geprüft werden konnten. Auf spätere Veränderungen hat der Verlag keinerlei Einfluss. Eine Haftung ist daher ausgeschlossen.

 Dieses Buch ist auch als E-Book erhältlich.

Verlagsgruppe Random House FSC® N001967

1. Auflage

Originalausgabe
© 2017 Kailash Verlag, München
in der Verlagsgruppe Random House GmbH,
Neumarkter Straße 28, 81673 München
Lektorat: Anne Nordmann
Umschlaggestaltung und Layout: ki 36 Editorial Design,
Daniela Hofner München
Satz: Satzwerk Huber, Germering
Druck und Bindung: CPI books GmbH, Leck
Printed in Germany
ISBN 978-3-424-63151-7

www.kailash-verlag.de

INHALT

Teil 1

Teil 2

Teil 1

Schreiben ist ein großartiges Mittel, um sich selbst zu erforschen. Bei mir begann die Liebe zur Sprache schon früh. Mich faszinierte die unergründliche Tiefe von nur 27 Buchstaben, um sich zu verständigen und sich seiner selbst zu vergewissern. So bewegte ich die Buchstaben auf dem Papier, begierig darauf, sie in der passenden Reihenfolge anzuordnen, um das Rätsel meines Lebens zu lösen. Sobald mich starke Gefühle überkamen wie Ängste, Wut oder leidenschaftliche Freude, hämmerte ich in die Tastatur oder hinterließ tiefe Bleistiftspuren auf meinem Papier. So lernte ich, über die magische und besänftigende Wirkung von Worten zu staunen. Während ich Räume in mir betrat, die mir fremd und zugleich vertraut waren, lauschte ich meinen Erzählungen ihre immanente Weisheit ab.

Ob ich ins Tagebuch schrieb, Geschichten verfasste oder mit neuen Schreibformen experimentierte – beim Schreiben veränderte sich meine Perspektive, ohne bewusstes Zutun. Ich zensierte mich nicht, verurteilte mich nicht und erfuhr so meine eigene Wahrheit. Die Freiheit, mich auszudrücken, war die Freiheit, ich sein zu dürfen. Denn wo sonst konnte ich all das sein, was ich mich manchmal noch nicht zu sein getraute? Wo ins klare Wasser meiner Träume, Ängste und Visionen springen und nie untergehen, weil mich Wortnetze auffingen? Alles, was mein Leben an Unwägbarkeiten und Gefühlen mit sich brachte, konnte ich schreibend besser und lustvoller bewältigen. Weil Worte schauerlich, schön und zugleich mächtig sind. Sie können retten oder zerstören, leben oder erstarren lassen.

All das möchte ich in *Rewrite your life* an dich weitergeben. Du kannst hinter den sprachlichen Expeditionen, die du hier vornehmen wirst, dir selbst neu begegnen – und zwar in unendlich vielen Varianten. Als Onlinejournalistin, Werbetexterin und Redakteurin sowie ausgebildete Mediatorin und Coach ermuntere ich andere darin, sich spielerisch hinter und in den Schreibübungen zu erkennen und sich unabhängiger von eigenen Erwartungen und fremden Konzepten zu machen. Denn wenn du schreibst, bist du in der Lage, mit starken Bildern deine Welt auf den Kopf zu stellen, um Neues zu entdecken – und zwar nichts Geringeres als dich selbst.

Zwischen den Polen Schreiben und Sein existiert eine heilsame Dynamik, die du selbst erfahren, dir selbst erschreiben kannst. Wenn du den Unterschied zwischen achtsamem Schreiben und bloßer »Rechtschreiberei« spürst, kannst du auch erfahren, wie es ist, dir selbst jenseits beschriebener Blätter neu zu begegnen. Gut möglich, dass deine Freude am kreativen Ausdruck zu einem Motor wird, um deine Komfortzone zu verlassen und dich überraschen zu lassen.

Was erwartet dich in *Rewrite your life*? Eine Schatzkiste voller Übungen und Schreibtechniken, in die du gleich eintauchen kannst. Mithilfe neuer Perspektiven, origineller Ideen und kreativer Impulse wirst du angeregt, dein Leben umzuschreiben, und zwar, indem du deinen Fokus veränderst, nicht die Fakten. So kannst du Mögliches und Unmögliches aufs Papier bannen, damit es dich belebt. Nutze deine eigene Ausgangslage, um dich schreibend zu positionieren, zu besänftigen und herauszufordern. Bist du gerade traurig, glücklich oder verzagt? Jede Übung bietet dir ein Sprungbrett, um in dich und deine Gefühle zu springen und mit einer Fülle biografischer Momentaufnahmen oder neuer Ideen aufzutauchen. Über das Schreiben strampelst du dich frei aus einengenden Gedanken und blockierenden Gefühlen, weil du dich in deiner Kraft verankerst. Schreiben hält dich im Fluss oder verbindet dich wieder mit ihm. Kreative Techniken und psychologische Prinzipien unterstützen dich in diesem Schreib- und Erkenntnisprozess. Was auch immer aus dir heraussprudeln wird, mithilfe der Übungen kannst du neue Ideen und Ansätze für dein Leben entwickeln. Weil du die Perspektive in jeder Übung änderst, um dir einen neuen Blick auf dich und deine Ausgangssituation zu gewähren. Du wirst Geschichten verfassen, in denen du dich wie vor einem Spiegel drehen, wenden und erblicken kannst. Hinter Tausendundeiner Erzählung und kreativer Schreibübung wird sich dir deine Wirklichkeit offenbaren.

Was dich erwartet – S(chr)ei(be)n

Was macht mich aus? Wie kann ich Erlebtes reflektieren? Was möchte ich der Welt mitteilen? Und wie kann ich mich authentisch ausdrücken?

Schreiben ist ein kraftvoller Weg zur Selbsterforschung. Und er ist noch um einiges wirkungsvoller, wenn man ein paar Erkenntnisse und Methoden aus der Psychologie und aus dem Coaching anwendet, wie z.B. das Reframing, die Arbeit mit Glaubenssätzen, mit der authentischen Stimme und einigem anderen, was auf den nächsten Seiten noch ausführlicher vorgestellt wird.

Ich bin überzeugt davon, dass jeder in sich eine innere Wahrheit trägt, die ihm hilft, seine eigene Welt und sich selbst darin zu erkennen. »Wir schreiben, um das Leben zweimal zu schmecken, im Augenblick und im Rückblick«, sagte Anais Nin, die

Femme fatale unter den Schriftstellerinnen. Das ist ein schöner Aufruf, sich selbst zu erkunden und dabei seine eigene Stimme in die Welt zu bringen: kantig, schrill, schräg und unvergleichlich authentisch.

Wenn du schreibst, entwirfst du mit dem Stift in der Hand eine Skizze von dir. Eine Skizze, die du wieder überarbeiten kannst. Du kannst dich immer neu entwerfen und überprüfen, ob deine Vorstellungen von dir dir selbst gerecht werden. Dich selbst zu befragen stärkt dein Vertrauen in dich, weil du dich nicht zufriedengibst mit dem, was dir vermittelt wird – auch von dir selbst. Nicht jeden Gedanken- und Gefühlsköder musst du schlucken. Mit jedem Wort, das dir selbst gilt, nährst du dich und nimmst dich nicht nur wahr, sondern auch ernst. Das ist Abenteuer pur, weil du deine Energie fließen lässt und sie ausdrückst, wodurch du ihr alles andere als hilflos ausgeliefert bist. Du formst, was in dir an emotionalem Material zur Verfügung steht. Was dir nicht gefällt, schreibst du um oder du nimmst Abschied von unbrauchbaren Überzeugungen. Immer einfach ist das selbstverständlich nicht. Manchmal spürst du beim Schreiben, dass du dich selbst noch einschränkst, auch wenn es aus dir frei fließen will. Kein Wunder, wird einem doch oft diktiert, wie man zu sein, zu fühlen, zu denken hat. Viele Stimmen, Erwartungen und Begrenzungen schlagen in deiner Schreibbrust, die du unbewusst reproduzierst. Plötzlich schmeckst du beim Schreiben zwar zweimal das Leben, wie Anais Nin verhieß, aber dummerweise schmeckt es gleich fad. Das kann ziemlich frustrierend sein, will man doch schreiben, um sich neu kennenzulernen, und eben nicht, um wiederzugeben, was man schon von sich weiß. Mit dem Schreiben ist es wie mit dem Leben: Es kann dich bereichern und beflügeln oder dich einengen und fremdbestimmen. Beide Zugänge reflektieren deine eigene Einstellung und sind damit sehr aufschlussreich.

In *Rewrite your life* geht es darum, deine Wahrnehmung zu schärfen und dich zu sensibilisieren für alles, was dich ausmacht und was sich frei ausdrücken will. Und vor allem kannst du im Spiegel der Übungen deine eigene Wahrheit erkennen, und lernen, zu ihr zu stehen. Ausgewählte Coaching-Prinzipien können dir dabei helfen, dich immer mehr von dem zu lösen, was dich nicht nur in deiner Kreativität hemmt, sondern auch in deinem Leben. Das kreative Schreiben allein ist daher nicht der Schlüssel, sondern das Zusammenwirken der Prinzipien mit deiner eigenen Schreib- und Erkenntnislust.

Was nun an theoretischem Input folgen wird, musst du dir nicht alles merken. Die vier Rewriting-Prinzipien zum Beispiel werden im ersten Teil zwar sehr ausführlich vorgestellt, aber nur, weil sie dich in den Übungen im zweiten Teil des Buches stets begleiten werden. Erst durch die Praxis können Bilder verblassen und neue von dir und deinem Leben entstehen: Mit deiner Tastatur oder dem Stift hast du die passenden Auslöser in der Hand. Denn Übung macht nicht nur den Meister, sondern auch sehr viel Freude.

Du wirst beim Schreiben Erfahrungen sammeln und deine eigenen Schlüsse daraus ziehen. Vielleicht erkennst du, was dir wirklich wichtig ist, weil es schwarz auf weiß vor dir steht, oder du erfährst, welche Widerstandskraft in dir steckt. Jede Erfahrung wird dich tiefer zu deinen Bedürfnissen, Gefühlen und Wünschen führen. Jetzt kannst du dich aber erst einmal entspannt zurücklehnen, lesen und in die Welt des Schreibens und Seins eintauchen. Ich wünsche dir ein Abenteuer, das wie jede Reise mit Unsicherheit und Reisefieber verbunden ist. Noch weißt du nicht, welchen Engeln und kleinen Kabauken du begegnen wirst. Schmecke daher dein Leben nicht nur zweimal, sondern so oft wie möglich. Du brauchst dafür nur mit dem Schreiben zu beginnen und dann immer damit weiterzumachen.

Übung macht den Rewriter

Bewusstes, kreatives und achtsames Schreiben ist ein Ausdruck von befreiter Lebensenergie. Aber Energie will auch gelenkt sein. Um dich daher besser zurechtzufinden, folgt hier eine kleine Übersicht darüber, was dich in diesem Buch erwartet.

Der Theorieteil startet mit vier ausgewählten Rewriting-Prinzipien, die den Unterbau für das Schreibprogramm bilden.

Dort wirst du auch schon ersten Schreibübungen begegnen, sogenannte Warm-ups, um das Gelesene anzuwenden, seine Wirkung auf dich zu überprüfen und es mit kreativen Impulsen zu verbinden. Hinter den Insights verbergen sich Schreibexempel von übungswilligen Rewritern, damit du einen Eindruck davon erhältst, wie andere über die Übung ins Schreiben und Erkennen gekommen sind.

Doch wie findest du den Anfang? Welche Techniken, Möglichkeiten und Ansätze gibt es? Und welche Schreibform liegt dir besonders? Im Kapitel Schreibformen, das den zweiten Block des Theorieteils bildet, entdeckst du eine Vielzahl an herkömmlichen Schreibtechniken und -Formen und ebenso einige eher ungewöhnliche. Die kannst du dann im Praxisteil einsetzen, um dich in deine Schreibbahn zu manövrieren. Deine Schreibfreunde in Gestalt der Schreibformen werden dich zu kleinen und großen Mutproben ermuntern. Das macht dich startklar für den Praxisteil, der in die Bereiche Vergangenheit, Gegenwart und Zukunft unterteilt ist. Wenn dich Vergangenes beschäftigt, kannst du dich von einer Übung aus diesem Bereich anleiten lassen. In der Gegenwart findest du eine Reihe von Übungen, die dich dort abholen, wo du dich gerade befindest. Fühlst du dich beispielsweise glücklich, kannst du dich mit ihrer Hilfe tiefer in das Gefühl hineinschreiben. Falls dich eher unangenehme Gedanken herausfordern, wähle dir eine Übung, mithilfe derer du Gedankenkarusselle zum Stillstand bringen kannst. Im Zukunftsteil kannst du dich in Vorsätze, Zukunftsängste und -visionen hineinbegeben und mit Buchstaben Ordnung in das rätselhafte Morgen bringen. Es geht nicht darum, dich chronologisch durch sämtliche Übungen zu arbeiten, folge vielmehr deiner Stimmung.

Bei allen Übungen brauchst du lediglich deine Gefühle zuzulassen und ihnen zu vertrauen, damit sie aus dir authentisch herausfließen können. Betrachte den Praxisteil als Impulsgeber, der dich nicht mit eindeutigen Instruktionen an die kurze Leine nehmen will. Im Gegenteil. Nicht jede Frage musst du beantworten, keine Übungsanordnung einhalten und nichts empfinden, was nicht da ist. Deine Antworten lassen sich nicht in Richtig oder Falsch einordnen. Es gibt nur dich, der mal Tage über eine Frage nachdenkt und eine andere sofort verwirft. Verbinde dich mit den Fragen und Anleitungen, in denen du dich wiedererkennst und die deinen Schreibfluss fördern, anstatt dich von jenen irritieren zu lassen, die nicht zu dir passen. Auch das ist eine Form der bewussten Lenkung, die dir hilft, das Beste aus dir herauszuschreiben. Und wenn dir mal der Einstieg schwerfällt, findest du zwischendurch immer wieder die Insights, an denen du dich orientieren kannst. Vertraue und verlasse dich aber vor allem auf deine Fähigkeiten und dein Gespür für den Schreibmoment. Denn deine Gefühle und Gedanken sind eine nie versiegende Inspirationsquelle. Dich schreibend zu entdecken bedeutet vor allem Freiheit im Ausdruck, Neugier auf Perspektivwechsel und Freude an der Selbsterkundungstour. Genau darum geht es mir. *Rewrite your life* – und genieße es.

DIE VIER REWRITING-PRINZIPIEN

Die Prinzipien, die du nun kennenlernen wirst, stützen das Rewriting-Programm und bereiten dich auf eine neue Sicht- und Schreibweise vor. Natürlich gibt es viele Ansätze, um Ressourcen in dir freizulegen. Für mich jedoch sind diese vier Prinzipien eine wichtige Brücke zu einem Selbst- und Schreibverständnis, das Kraft spendet, weil es dich nicht als defizitär betrachtet. Sie beruhen auf der Vorstellung, dass in jedem ein unversehrter Kern steckt, der von Blockaden (die aus welchen Gründen auch immer entstanden sind) oft verdeckt, verkannt oder übersehen wird. Erst wenn du dich selbst nicht über deine Schwäche definierst, kannst du dir erlauben, deine Ängste wie deine Freude frei auszudrücken. Dabei musst du dich nicht verandern oder optimieren, aber du kannst. Dein Kern ist heil – mit oder ohne Blockaden. Du konzentrierst dich nun mehr auf ihn, als ständig um deine verbesserungswürdigen Schwächen zu kreisen. Das ist ein erster wichtiger Schritt, damit Schreiben auch ein Ausdruck von dir ist, mit allem, was im Moment zu dir gehört. Andernfalls würdest du dich nur selbst wieder beschneiden, aus Angst, dabei vermeintliche Mängel aufzudecken. Die Rewriting-Prinzipien unterstützen dich darin, dich selbst größer und stärker zu sehen und ein stabiles Vertrauen in dich zu entwickeln. Sie durchdringen und beeinflussen einander und wollen doch alle das eine: dir helfen, dich liebevoll los- und freizulassen. Das ganze Buch über begleiten sie dich, einzig ihre Gewichtung verändert sich, abhängig vom Thema der Übung und deiner Intention.

Du musst dich nur los- und freilassen. Koste daher deine Erfahrungen und Gefühle aus, ohne sie auszuschlachten oder dich ans Schreibmesser zu liefern. Mit den Prinzipien hast du die besten Aufpasser zur Schreibseite.

Glaubenssätzen auf der Spur

Wenn ein Autor einen Roman verfasst, schreibt oftmals nicht er selbst, sondern ein sogenannter Erzähler. Der Erzähler oder die Erzählstimme ist eine Hilfskonstruktion, die es dem Autor ermöglicht, sich von dem Geschriebenen zu distanzieren. Nicht weil es ihm unangenehm wäre, er räumt sich dadurch nur bestimmte künstlerische Freiheiten ein, die er sich sonst vielleicht nicht erlauben würde. Er schreibt ungehemmter darauf los, weil er seine Erzählstimme wie eine kleine Maske vor sein Gesicht setzt. Mit der Maske identifiziert er sich nicht, sie gewährt ihm einen gewissen Schutz und kreativen Spielraum. Der Autor tritt so als Figur in seinem Roman auf, ohne als Mensch mit ihr deckungsgleich zu sein.

Auch wenn du keine Fiktion, sondern über dich selbst schreibst, ist die Erzählstimme in dir nicht immer die gleiche. Du kannst unterschiedliche Stimmen in dir entdecken, die einen jubilieren und sind voller Schreib- und Lebensfreude, die anderen jammern und klagen über ihr schweres Los. Sie alle können sich ziemlich stark von dir als Person unterscheiden. Wie dem Autor eines Romans helfen diese Stimmen dir, Distanz zu schaffen, kleine Experimente zu wagen oder Erfahrungen zu interpretieren.

Karl, ein Freund von mir, hat sich eine dieser Stimmen zunutze gemacht, um sich selbst neu zu bestimmen. Er war lange verheiratet, aber mit der Zeit wurde seine Ehe monoton, und die Liebe geriet auf Abwege. Er verliebte sich in eine andere Frau und fing an, mit der verliebten Stimme Geschichten für sich und für sie zu schreiben. Er beschrieb, was er selbst zu dem Zeitpunkt noch für verwegen hielt – eine neue Liebe zu wagen und zu seinen Gefühlen zu stehen. In seinen Erzählungen wurde er zu einem charismatischen Seemann, der mutig zu neuen Ufern aufbrach. Schreibend entwarf er ein neues Leben, ohne sich zu reglementieren. Dabei kreierte er unbewusst eine neue Stimme in sich, die mutiger war, als er selbst sich gerade fühlte. Und irgendwann war er in der Lage, die Maske des Erzählers abzusetzen, um als Mensch die Regie in seinem Leben zu übernehmen. Er verließ seine Frau und traute sich, sich selbst treu zu sein.

Mit deiner Erzählstimme kannst du dich in unbekannte Seelengefilde wagen, ohne gleich dein Leben auf den Kopf zu stellen. Je mehr die Stimme dein eigenes Wesen und deine Bedürfnisse ausdrückt, desto mehr Energie wird sie erhalten.

Wenn du über dich selbst schreibst, werden wie gesagt bestimmte Stimmen aktiv, Stimmen, die deinen Stil und deine Denkweise prägen und beeinflussen – und vor allem unbewusst programmieren. Daher solltest du dir dieser bewusst werden, weil sie sonst viel Unruhe in dein Denken und Fühlen bringen können. Es gibt nämlich nicht nur die hilfreichen, wohlmeinenden Stimmen in dir, sondern beim reflektierten Schreiben wirst du schnell merken, dass sich da auch Gefühlspolizisten und Miesepeter tummeln. Sie können Fakten verdrehen, und plötzlich fühlst du dich wie ein Versager. Vielleicht möchten sie dir auch einreden, dass du nichts Gutes verdienst. Sie sagen dir, dass du dir das Glück erst verdienen musst, oder sie drohen dir, dass du nicht so viel Zeit mit dem Schreiben vergeuden sollst. Vielleicht flüstern sie dir auch ein, dass du immer ein Pechvogel sein wirst.

Wer sind diese Stimmen (die man übrigens nicht nur beim Schreiben hören kann, sondern auch im Alltag)? Es sind deine verinnerlichten Glaubenssätze, die sich über die stete Wiederholung zu Denkmustern formen. Oft ist man sich dieser nicht wirklich bewusst und wundert sich, weswegen man immer wieder in eine ähnliche Richtung denkt oder ein bestimmtes Gefühl hat. Glaubensätze können sich wie ein Ohrwurm in einem festsetzen. Erste Annahmen über die Welt werden so formuliert, und über die neuronale Repeat-Taste bestätigen sie sich. Meist entstehen sie aber nicht nur aus einem selbst heraus, sondern man übernimmt die Gewissheiten anderer. Glaubenssätze können sich wie Gene vererben, und nicht selten trägst du die Glaubenssätze deiner Freunde, deiner Familie oder der Gesellschaft in dir. Das kann ein schönes Erbe sein, weil du dich deiner selbst vergewissern kannst, ohne alles immer neu zu durchdenken. Sie helfen bei der Sinndeutung und geben dir einen Rahmen – aus dem du aber auch fallen darfst und solltest, wenn er dich nicht vollständig abbildet. Es gilt, deine und fremde Vorstellungen zu überprüfen und damit zu experimentieren. Helfen sie dir dabei, dich selbst zu entfalten und dich in die Welt einzubringen? Lassen sie dich größer werden, oder schüchtern sie dich eher ein? Das kannst du nur herausfinden, wenn du der Dirigent deines Stimmenorchesters wirst und den Taktstock dabei nicht aus der Hand gibst.

Je vertrauter du dir bist, desto klarer wirst du unterscheiden können, welche Grund- und Glaubenssätze deinem Wesen besser entsprechen und ihm helfen, innere und äußere Schranken zu beseitigen. Das hört sich banal an, doch die Wirkung ist alles andere als das. Die einem Glaubenssatz innewohnende Kraft ist nämlich ein Phänomen, das in der Placebo-Forschung interessante Erkenntnisse gezeitigt hat. Wenn der Patient davon ausgeht, dass er ein wirkungsvolles Präparat in den Händen hält, kann es ihn positiv beeinflussen – selbst wenn darin keine nachweisbaren Wirkstoffe enthalten sind. Das Medikament wirkt, nur weil er daran glaubt. In dem Fall versetzt der Glaube Berge oder begünstigt die Heilung. Der gegenteilige Effekt ist ebenfalls nachgewiesen. Liest sich der Patient den Beipackzettel eines Medikaments durch, können plötzlich Nebenwirkungen auftreten, die dort beschrieben sind – selbst wenn das in einer Studie verabreichte Medikament keine wirksamen Inhaltsstoffe enthält. Allein der Gedanke führt hier ins Grauen; dies wird als Nocebo-Effekt bezeichnet. Glaubenssätze sind also wirksam und können im positiven wie im negativen Fall zu einer sich selbst bewahrheitenden Prophezeiung werden.

Wie kannst du dir dieses Phänomen zunutze machen? Indem du darüber schreibst. Du wirst erstaunt sein, welche Stimmen in dir Behauptungen über das Leben, dich selbst, deine Familie oder deine Freunde aufstellen. Wenn du dir erlaubst, nicht alles zu glauben, was du denkst und fühlst, kannst du entspannt in dich hineinhorchen. Es geht dabei nicht darum, dass du jetzt alle deine Glaubenssätze ausmistest, sondern darum, dir erst einmal bewusst zu machen, welche Glaubenssätze dich gerade beeinflussen und wie sie sich in deinem Leben manifestieren. Andernfalls würdest du dich nur einschränken, und das ist nicht Sinn der Schreibsache. Wenn du regelmäßig schreibst, wird dein Welt- und Selbstverständnis für dich nur eine Möglichkeit unter vielen, es kann sich stets wandeln und weiterentwickeln.

Deine Glaubenssätze und Gedankenmuster drücken sich auch in deiner Einstellung zum Leben aus. Eine Zeit lang habe ich ein paar Eichhörnchen auf meinem Balkon beobachtet. Es waren drei kleine Gesellen, die mich regelmäßig besuchten, standen doch immer Nüsse für sie bereit. Sie waren in ihrer Art sehr unterschiedlich und verfolgten dennoch dasselbe Ziel: die Nüsse mit ihren Zähnen kleinzukriegen und restlos aufzuputzen. Wenn ich die Balkontür öffnete, während sie gerade am Werk waren, stoben sie zunächst in alle Richtungen auseinander. Eins davon aber wurde mit der Zeit zutraulicher, bis ich es schließlich regelrecht zähmen konnte. Es hüpfte auf meine Schulter und knabberte dort friedlich seine Walnuss. Eines der beiden anderen Eichhörnchen hingegen schimpfte ununterbrochen, wenn ich, der Eindringling auf meinem Balkon, das Festessen sprengte. Es konnte sich einfach nicht mit mir anfreunden, beäugte mich kritisch und versteckte sich, bis ich mich wieder trollte. Das dritte wiederum vergrub in meinen Blumenkästen seine kostbare Beute, um vorzusorgen. Für das misstrauische Eichhörnchen war ich ein Invasor, der es bedrohte. Das zutrauliche unterstellte mir nichts Böses und akzeptierte mich bereitwillig auf meinem Balkon. Das emsigste unter den drolen ignorierte mich, weil es damit beschäftigt war, nicht zu kurz kommen. Es sammelte und versteckte die Nüsse, statt sie sich schmecken zu lassen.

Du siehst: Im Eichhörnchenreich reagiert jeder anders auf die Geschenke des Lebens. Bei uns Menschen ist das nicht anders. Manche sind misstrauisch und abwägend, andere vital und zugreifend, und wieder andere horten das Leben lieber, als es zu genießen. Alle aber haben wir unsere Glaubenssätze aus unseren Erfahrungen gefiltert, die uns auf eine bestimmte Weise auf Neues reagieren lassen. Auch du hast sicher eine bestimmte Einstellung, die dir hilft, dich in der Welt zurechtzufinden. Und wenn deine Einstellung aus deinen Glaubenssätzen resultiert, lohnt sich die Frage: Welches Eichhörnchen springt in mir herum?

Einer der bekanntesten Philosophen der griechischen Antike, Sokrates, hat folgende Erkenntnis parat: »Ich weiß, dass ich nichts weiß.« Diese formulierte er bereits vor über 2000 Jahren, und nach wie vor hört sie sich auf Anhieb nicht attraktiv an. Aber sie hilft dir, dein Bewusstsein zu schulen. Von diesem Nullpunkt des Wissens aus kannst du dich fragen: Was denke ich über das Leben? Fühle ich mich sicher mit mir? Habe ich Angst, mich zu zeigen? Was bräuchte es, damit ich mich freier fühlen könnte?

Mit jeder dieser Fragen bohrst du Löcher in dein Glaubensfundament. Sie helfen dir zu erkennen, welche Haltung du zum Leben hast. Sie sind im Ergebnis offen wie das Leben selbst.

Deine Glaubenssätze offenbaren sich also in deinem Leben. Aber nur weil sie dich bestätigen, sind sie noch lange nicht wahr. Nur weil meine Eichhörnchen mich als Ärgernis sehen, bin ich noch lange keins. Die Krux ist, dass man dazu tendiert, die eigenen Erfahrungen mit dem abzugleichen, was man bereits erlebt und in eine bestimmte Richtung interpretiert hat. Und dann wundert man sich, dass man immer wieder zu ähnlichen Schlüssen kommt, obwohl man Neues erlebt und ausprobiert hat.

In der Yoga-Praxis wird gelehrt, dass man jede Übung machen sollte, als würde man sie zum ersten Mal ausführen. Jede Stunde beginnt man im Geiste eines Anfängers, für den alles unbekannt ist. Das Gestern ist vorbei, und das Heute birgt andere Erfahrungen und Erkenntnisse. So kann man es auch bei den Glaubenssätzen halten. Gestern waren sie wirksam und gültig, doch heute schon können sie sich wandeln. Je mehr du dich selbst mit frischem und offenem Geist betrachtest und studierst, desto spannender wird deine Reise, die dich im besten Fall zu neuen Ufern führt. Beim Schreiben kannst du dich austoben und dich neu erfahren – weil du erst mal wie Sokrates nichts als statisches Wissen begreifst.

Daher wirst du hier viele Übungen finden, in denen du deinen Grundsätzen und deiner daraus resultierenden Lebenshaltung auf den Grund gehen kannst. Beim Schreiben kannst du neue Perspektiven auf dich und dein Gegenüber ausprobieren und dir selbst in unterschiedlichen Erzählformen begegnen, um deine Wirklichkeit zu überprüfen und zu hinterfragen. Kreatives Schreiben ist wie Sprengstoff, der dich dein Leben relativieren und in eine neue Erzähl- und Lebensform bringen lässt. Es rieselt Buchstaben nach der Detonation, die sehr viel Kraft in dir auslösen und alte Denkmuster in sich zusammenfallen lassen. Denn nichts muss so sein, wie du jetzt denkst – selbst deine Vergangenheit nicht.

Das Rewriting-Prinzip »Glaubenssätzen auf der Spur« könnte zusammenfassend lauten: Ich gebe vor, nichts zu wissen. Dadurch begegne ich mir selbst neu und erkenne, was mein Denken, Fühlen und Handeln beeinflusst, ohne blindlings alles zu glauben.

Die authentische Stimme finden

Verstand und Gefühl – beide lotsen den Menschen durchs Leben. Oft werden sie jedoch beeinflusst von vielen Stimmen, die sich in einem tummeln, manche sind vernünftiger, andere kritischer oder manipulativ. Dann blickt man wie in einen verzerrten Spiegel und wundert sich, warum man plötzlich ganz anders aussieht.

Immer wenn ich spüre, dass ich an einem bestimmten Punkt nicht weiterweiß, schreibe ich darüber. So komme ich weg vom Marktplatz der kreischenden Stimmen und bewege mich durch meine Gefühle und Gedanken hindurch. Ich trete in einen Zustand der Selbstvergessenheit, um mich von den Turbulenzen in mir nicht vereinnahmen zu lassen – bis ich sie hören kann: meine authentische Stimme. Für mich steht sie für mein eigenes authentisches Gefühl.

Deine authentische Stimme jenseits des Lärms erzählt dir von deinen Nöten, Bedürfnissen und Wünschen, ohne dich dafür zu be- oder verurteilen. Sie ist meist nicht so laut wie deine anderen Glaubensstimmen, weil sie wie die Liebe weder poltert noch dich zu etwas zwingt. Auch muss sie dich nicht davon überzeugen, dass sie in dir ist. Schließlich brauchst du ja auch nicht ständig zu überprüfen, ob dein Herz noch schlägt.

Es tut es einfach, selbst wenn du dir dessen nicht immer bewusst bist. Deine authentische Stimme ist so etwas wie eine Begegnung in Liebe – du hörst sie eher, wenn du dir selbst und anderen gegenüber wohlwollend, offen und neugierig bist. Manche erleben diese Form der Begegnung auch in der Meditation. Sie lassen alle Gedanken und Gefühle an sich vorbeiziehen, ohne sich mit ihnen zu verbinden. Indem sie das Gedankenkarussell in sich beobachten, stellen sie fest, dass sie ihre Gedanken selbst nicht sein können. Schließlich könnten sie nicht etwas von außen betrachten, wenn sie damit identisch wären. Sie lösen sich in diesem Zustand der Versenkung nicht auf, weil sie sich in etwas anderem verankern: in einem Bewusstsein, das viel weiter und größer ist als die flüchtigen Bewegungen des Verstandes und der Gefühle. Diese dritte Instanz geht über Verstand und Gefühl hinaus, und sie in Worte zu transkribieren ist praktizierte Eigenliebe, weil du beschreibst, anstatt zu werten.

Wenn du dich schreibend deiner inneren Wahrheit annäherst, arbeitest du dich durch ein ziemliches Gestrüpp hindurch. Das kann zu einem großen Abenteuer werden und interessante Erkenntnisse hervorbringen. Hätte der Mensch nicht neugierig hinterfragt, ob die Erde tatsächlich der Mittelpunkt des Kosmos ist, würde er das immer noch für wahr halten. Auch die eigene Wahrheit ist also nicht unantastbar, sondern so offen wie das Leben selbst. Sie ändert sich mit der Zeit. Als Kind lebtest du in einer anderen Wirklichkeit als heute. Du bist gewachsen und hast dich entwickelt. Sobald du deine Wahrnehmung schulst, kannst du nicht nur entdecken, was für dich jetzt stimmig ist, sondern du kannst dich selbst auch in einem neuen Licht sehen – und es nicht unter den Scheffel stellen.

»Das größte Geschenk der Menschheit ist die freie Wahl. Es ist richtig, dass wir beim Gebrauch dieser freien Wahl begrenzt sind. Aber das Wenige an freier Wahl, das wir haben, ist potenziell so viel wert, dass es sich lohnt, gerade dafür zu leben«, sagte der Schriftsteller Isaac Singer einmal in einem Radio-Interview. Du kannst also selbst entscheiden, welcher Stimme du folgen möchtest.

Je mehr du dich traust, dein Herz zu befragen, desto mehr wird es dir erzählen: über deine Bedürfnisse, Gedanken und Gefühle. Das steckt viel Magie drin, gerade beim Schreiben. Du fängst bei einem Aspekt an, drehst ihn durch die kreative Wortschleuder, und alles wirbelt hoch und setzt sich neu zusammen. So lernt und wächst der Mensch, weil er dem Ruf seiner authentischen Stimme folgt.

Es gibt eine Liebe in dir, die dich sicher führt und leiten kann. In der Theorie lässt sie sich allerdings nicht erfahren, denn Liebe will sich ausdrücken und entfalten. Sie geht nicht in den Keller, sondern tanzt bei Sonnenschein und Regenwetter. Nicht lauwarm ist daher deine authentische Stimme, sie fordert dich zum Spielen auf. Und je mehr du Schicht für Schicht in dir freilegst, wirst du erkennen, dass auch in dir ein Samen liegt, der alles enthält, was du brauchst. Die Pflanze, die aus ihm hervorsprießt, steht nicht nur für dein Zentrum, sondern auch für deine Freude am Leben, die sich nicht unterkriegen lasst. Natürlich wirst du nicht immer in Frieden mit dir sein, aber so funktionieren auch gute Geschichten nicht. Herzschmerz kann, achtsam verwandelt, zu kreativen Höchstleistungen anspornen, und er gehört zum Leben dazu. Wichtig ist, dass du den Fokus nicht verlierst und dich in deinen Qualitäten verankerst. Sie werden umso sichtbarer, je mehr Aufmerksamkeit du ihnen schenkst.

Beim bewussten Schreiben nimmst du so etwas wie eine meditative Haltung ein, weil du nicht verurteilst, sondern beobachtest und entdeckst. Du hast so sehr viel mehr Freude am Schaffensprozess, weil das Leben wie das Schreiben darin besteht, mit allen Sinnen geschmeckt zu werden. Solange du dich fest in dir verankerst, kann der Sturm des Lebens dir Kraft geben und nicht nehmen. Wenn du noch unsicher bist, lässt du die Buchstaben vorgehen, die dir ein sicheres Netz weben, sodass du dich in dein Leben hineinwerfen kannst. Dabei wirst du nichts in dir entdecken, was schlimmer wäre als ein ungelebtes und unechtes Leben. Deine authentische Stimme wird dich nicht danach fragen, warum du mit Kratzern und aufgeschürften Gefühlen zu ihr kommst. Sie wird deine Wunden verarzten und dich auffordern, aus deinen Erlebnissen Geschichten zu formen – spannendes Seelenkino also. Hinter all den Figuren, Stimmen, Texten, Gefühlen und Gedanken kannst du sie hören – und nicht zuletzt deinem Leben einen ganz eigenen Klang geben. Sie ist das, was in ihrer Tonlage singen will, ohne fremde Gedanken und eigene Glaubenssätze zu covern. Die Buchstaben werden sich zum Klang deiner Stimme wie Derwische um dein Herz drehen.

Das Rewriting-Prinzip der authentischen Stimme lautet also: Trainiere deine authentische Stimme, sodass du sie selbst besser hören kannst. Auf dem Marktplatz der vielen Stimmen kann sie leicht übertönt werden, nicht aber in einer friedlichen, kreativen Schreibstille. Stärken kannst du sie, indem du ihr vertraust und ihren Wert für dich anerkennst.

Warm-up: Brief ans Herz

Bist du neugierig geworden, und möchtest du deine authentische Stimme aus der Reserve locken? Dann nimm dir jetzt Zeit für deine erste Schreibübung.

Wenn Gedanken, Gefühle und innere Bewegungen reifen wollen, bietet es sich an, einen Brief zu schreiben. Keine Frage, das kann anstrengend sein, weil man von der Schreibfeder aus eine Spur aus Tinte zum Adressaten legt, in diesem Fall du zu dir selbst. Briefe können leidenschaftlich, romantisch und originell sein – denn hier steht das Gefühl im Vordergrund, nicht die Form.

Es geht in diesem Brief nicht um Formalien oder perfekt ausformulierte Gedankengänge. Nimm dir daher für den Anfang nicht mehr als eine halbe Stunde Zeit. Denn ein überstrapazierter Herz- und Schreibmuskel ist nicht das Ziel, sondern dein Herz zum Sprechen zu bringen – und ihm zuzuhören.

Stell dir vor, dein Herz hat sich von dir verabschiedet. Es hat sich ein Sabbatical genommen und ist auf Reisen gegangen. Viel zu anstrengend war es ihm, immer nur für dich zu schlagen, ohne Anerkennung dafür zu bekommen. Jetzt verweilt es sorglos im Reich der Exilherzen. Es vermisst dich zwar sehr, schmollt aber, weil du zu oft auf seinen Gefühlen herumgetrampelt bist. Wenn es aufgeregt schlug, hast du es stoisch ignoriert, bis es sich von allein wieder beruhigte. Auch fühlte es sich von deinem Verstand zu sehr gegängelt, er war wohl Gift für eure Herzensbeziehung.

Alles in allem liebt ihr euch beide noch heiß und innig, nur führten eben kleine Missverständnisse zu dieser etwas verfahrenen Situation. Nun stehst du mitten im Leben, der Verstand ist hellwach, aber dein Herz ist nicht mehr da. Gut, dass noch keinem aufgefallen ist, dass du unter die Zombies gegangen bist.

Reserviere dir ausreichend Zeit, um dieses Fantasiespiel auszuprobieren und einen Liebesbrief an dein Herz zu verfassen. Folgende Tipps können dir bei deiner ersten Übung helfen, dir die Schreiblust aus den Fingern zu kitzeln und deine Schreibhemmung zu überlisten. Warte vor allem nicht auf die beste Idee, sondern schreib darauf los, schließlich befindest du dich nicht in einer Prüfung, sondern übst dich im Schreiben und im Erkennen. Später darf dein innerer Kritiker seinen Senf dazu geben, nur lass dir nicht gleich die Freude von ihm trüben. Spekuliere auch nicht auf den perfekten Moment, wo nichts mehr zwickt und zwackt, um mit dem Schreiben zu beginnen. Freunde dich eher mit den Bedingungen an, die du gerade vorfindest. Egal, ob du müde, ängstlich oder unkonzentriert bist, lass dich von flüchtigen Befindlichkeiten nicht irritieren. Bisweilen setzt das »Writer's High«, wie bei seinem sportlichen Pendant, dem »Runner's High«, erst ein, wenn du eine gewisse Strecke hinter dich gebracht hast. Erschöpfe dich dennoch nicht zu sehr am Anfang, sondern schreib in kleinen Zeitetappen und versuch jede Schreibeinheit mit einem guten Gefühl aufgrund des bisher Geschriebenen zu beenden. Und nun beginne. Beschreib deinem Herzen, wie es dir jetzt ohne es geht. Fehlt es dir? Was vermisst du besonders? Welche besonderen

Qualitäten liebst du an ihm? Muss dein Herz wirklich auf den Verstand eifersüchtig sein? Lass dich auf dieses Experiment ein und schreib in dein Herz hinein. Ich bin mir sicher, du wirst es erweichen und zurückerobern können. Denn welches Herz möchte nicht am liebsten für seine Liebe weiterschlagen? Wenn du den Brief beendet hast, bewahre ihn sorgfältig auf. Sicher wirst du nicht ohne Antwort bleiben, denn dein Herz wird dir erwidern wollen. Bereite dich in Ruhe auf den Rollentausch vor. Wie wird es auf deinen Brief reagieren? Was will es dir mitteilen? Und worum möchte es dich bitten? Was schätzt und liebt es an dir? Schreib auf, was immer dir als Stimmrohr deines Herzens einfällt. Leg diesen Brief zu deinem Liebesbrief dazu. Wenn du selbst auf dich achtest und dich schätzt, kann dich so schnell nichts umhauen. Vielleicht werdet ihr euch immer wieder Briefe schreiben, du und dein Herz, und eure Verbindung zueinander intensivieren – in guten wie in schlechten Schreibzeiten.

Reframing

Ein Goldgräber war jahrelang auf der Suche nach einem saftigen Goldregen. Er schürfte tagein und tagaus, aber bis auf ein paar kleine Goldsplitter fand er nichts. Darüber wurde er ganz traurig und beschloss, seine Suche nach dem Glück zu beenden. Doch dann, als er schon nicht mehr damit gerechnet hatte, fand er plötzlich ein riesiges Goldnugget. Jetzt ist es auch zu spät, dachte er. Vor lauter Wut, dass er diesen Fund nicht schon eher gemacht hatte, schleuderte er den glitzernden Stein zurück ins Wasser und zog griesgrämig ab.

Der Goldgräber hatte die Erwartung, dass ihm das Goldglück früher hätte begegnen müssen. Sein Glaubenssatz hieß: Wer anfängt, sein Glück zu suchen, muss schnell fündig werden. Als sich sein Wunsch dann erfüllte, nahm er das Geschenk nicht mehr an. Zu spät, seine selbst gesetzte Deadline war überschritten.

Mit dieser kleinen Geschichte möchte ich ein weiteres Rewriting-Prinzip vorstellen, das aus der systemischen Therapie stammt und als Reframing bezeichnet wird. Beim Reframing setzt man Erlebnisse und Eindrücke des eigenen Lebens in einen neuen Kontext (einen neuen Rahmen). Das Erlebnis selbst verändert sich nicht, nur die Bedeutung, die man ihm gibt, und die daraus resultierende Schlussfolgerung. Die eigene Interpretation und Bewertung stehen also im Vordergrund, nicht das Erlebnis selbst. Hätte der Goldsucher das Prinzip des Reframings gekannt, hätte er, statt seinen Fund herzugeben, seine Überzeugung verändert. So hätte seine Suche mit einem Happy End enden können statt mit dem Gegenteil.

Wir reframen ständig, auch im Alltag, die Frage ist nur, in welche Richtung. Gewusst wie, kann Reframing zu einem wirksamen Werkzeug werden. Du kannst aus einer Mücke einen Elefanten machen oder den Mückenstich verarzten. Es ist nicht immer leicht, über Jahre festgefahrene Muster zu durchbrechen. Das eigene Denken folgt oft bestimmten Bahnen, ohne dass wir den Denkinhalt oder die Umlaufbahn hinterfragen. Das lässt sich mit weiteren Beispielen illustrieren. Oft denkt man beispielsweise in Wenn-dann-Kategorien: Erst wenn ich das und das erreicht habe, kann ich glücklich sein. Oder erst wenn ich perfekt bin, finde ich auch den perfekten Partner. Nur hören diese Wenn-dann-Sätze niemals auf, weil nach einem Wenn immer ein weiteres Dann folgt. Und man will lieber diesen Vorstellungen und Erwartungen gerecht werden, als sie zu hinterfragen. Das Leben weiß von diesem Deal jedoch nichts, weswegen er auch nicht immer eingehalten werden kann, wie der Goldgräber bitter erfahren musste. Auch Vergleiche können einen runterziehen, wenn sie einem vermitteln, selbst weniger oder zumindest nicht so viel erreicht zu haben wie das Objekt der Bewunderung. Damit macht man sich selbst schlecht und wertschätzt sein eigenes Leben nicht. Reframing bietet die Möglichkeit, am Erfolg der anderen zu erkennen, dass der eigene auch möglich ist. Es kann einen beflügeln, und zugleich kann man sich mit seinen Freunden freuen und sagen: Achtung, ich folge dir gleich nach.

Jeder versteht etwas anderes unter Erfolg, Liebe oder einem gelingenden Leben und filtert nach selbst aufgestellten Kriterien aus. Ich darf beispielsweise erst glücklich sein, wenn ich ausreichend Geld verdiene, oder ich erlaube mir erst zu genießen, wenn die Arbeit erledigt ist, und vieles mehr. Erst wenn die selbst auferlegten Bedingungen befolgt werden, darf man sich belohnen. Deinen eigenen Filter gilt es für dich herauszufinden, weil er dir vieles verleiden oder ermöglichen kann. Reframing kann dir dabei helfen, Bedeutungen aus einem zu engen Rahmen zu sprengen und dir auf diese Weise mehr Bewegungsfreiheit verschaffen. Beim Thema Perfektion etwa: Kaum jemand würde wachsen und sich entwickeln wollen, wenn es ausschließlich darum ginge, perfekt zu sein. Thema Missgeschicke: Fehler gehören zum Leben und müssen nicht tragisch sein, wenn man sich nicht zu sehr mit ihnen verbindet. Thema Vergleiche: Hättest du noch Lust zu schreiben oder dich auf eine andere Art kreativ auszudrücken, wenn du davon ausgingest, niemals so gut wie andere sein zu können? Vermutlich würde dich dieser Gedankenfilter im spielerischen Ausdruck eher hemmen. Thema Träume: Was, wenn sie platzen oder sich nicht eins zu eins im Leben verwirklichen lassen? Selbst Enttäuschungen können wohltuend sein, weil die Täuschung buchstäblich aufliegt. Und es kann immer anders kommen als erhofft, weil der Zufall eben auch ein Wörtchen mitzureden hat. Loslassen, neue Träume finden oder diese zu anderen recyceln könnte ein offenerer Ansatz sein. Auch und gerade beim Thema Scheitern kann Reframing hilfreich sein: Nicht wenige Menschen betrachten sich als Gescheiterte oder Opfer, statt diese Rollen einfach loszulassen und sich anders zu definieren. Krisen lassen sich auch als Durch- statt als Einbrüche erfahren, weil sie Kräfte mobilisieren können, von denen wir bislang nichts geahnt haben. Es gilt, sich neue Türen zu bauen, anstatt vor verschlossenen zu warten. Reframing ist auch die Kunst des Differenzierens und Distanzierens. Sobald du dich nicht identifizierst mit dem Bild von dir selbst, kannst du es übermalen, um dich anders zu betrachten. Das Prinzip wirkt, ob man will oder nicht.

Es funktioniert allerdings auch andersherum. Ich habe einmal einer älteren blinden Frau vorgelesen. Bevor ich sie traf, hatte ich sie mir als eine weise Frau voller wertvoller Lebensweisheiten vorgestellt. Die Realität sah jedoch ganz anders aus, sie lamentierte unentwegt: Ihr Sohn wolle sie nicht besuchen, mit ihren Freunden könne sie keine langen Reisen mehr unternehmen, und ihre Haushälterin sei eine viel zu unbelesene Gesellschafterin. Ich war verblüfft, weil sie an nichts auch nur ein gutes Haar finden konnte. Dabei zahlte eine ihrer besten Freundinnen ihre Wohnung, ihre Geschwister riefen sie regelmäßig an und kümmerten sich um sie. Ihr Sohn war glücklich verheiratet und lud die Mutter regelmäßig zu sich ein, um mit Hund und Kind zu spielen. Ihre Haushälterin kochte und umsorgte sie rund um die Uhr, obwohl sie selbst Diabetikerin und weit weg von zu Hause war.

Ich war sehr überrascht, dass sie das Gute in ihrem Leben so geschickt zu verdrehen wusste, dass am Ende alles nur schlecht war. Hätte sie sich im positiven Reframing geübt, wäre ihr der Gedankendreher vielleicht aufgefallen und sie hätte nicht bis ins hohe Alter hinein die gleichen düsteren Lebenslieder trällern müssen. Die Frau reframte zwar auch, aber zu ihren Ungunsten, denn glücklicher wurde sie nicht dabei.

Unsere Erwartungen spielen mitunter ein seltsames Versteckspiel mit unserer Zufriedenheit. Es ist beispielsweise festgestellt worden, dass Sportler, die die Silbermedaille gewonnen haben, unglücklicher sind als die Bronze-Gewinner. Die Silbermedaille erinnerte daran, Gold knapp verfehlt zu haben, während die Bronzemedaille signalisiert, es immerhin auf das Siegertreppchen geschafft zu haben. Oftmals stellt man sich mit seinen Bewertungen selbst ein Bein. Manch einer leidet ein

Leben lang darunter, sich selbst nicht gerecht zu werden, und lässt Sanktionen folgen, indem er sich mit schlechten Gefühlen und Gedanken bestraft. Doch den Rahmen neu zu setzen kann eben auch bedeuten, Scheitern als Neubeginn zu werten oder davon auszugehen, dass unangenehme Momente zum Leben dazugehören. *Shit happens.* Was sich nicht ändern lässt, wird eben akzeptiert, und man formt unter den gegebenen Umständen das Bestmögliche daraus. In der Psychologie wird die innere Kraft, die einen dazu befähigt, Resilienz genannt, weil man sich nicht unterkriegen und aus dem Konzept bringen lässt. Wer reframt, lässt sich von keinem Rahmen einengen, sondern passt lieber den Rahmen an. Eine größere Perspektive hilft dir, den positiven Erfahrungen, die du zweifellos ebenso gemacht hast, mehr Raum zu geben und dich zu stärken. Du entscheidest selbst, welche Eindrücke dein Selbstbild formen, wirst kreativer in deinen Interpretationen und widerstandsfähiger im Leben. Damit emanzipierst du dich ein Stück weit von äußeren Umständen und wirkst auf diese ein, anstatt alles einfach geschehen zu lassen. Und das bedeutet nicht, dass du alles durch die rosarote Brille siehst oder Schattenseiten ausblendest.

Wenn du schreibst, kannst du genau an diesem Punkt ansetzen und lähmende Gewissheiten frech überschreiben. Anstatt gemeinsam mit dir um die Wette zu weinen, kannst du deine Fähigkeiten erkennen und sie stärken: am besten mit viel Wortwitz und anschließender Rewriting-Politur. Dabei können aus dem emotionalen Ballast noch schönere Erkenntnisse wachsen. Ich schreibe beispielsweise nicht immer gern – vor allem nicht, wenn ich in schlechter Verfassung bin. Es ist verführerisch, die schlechte Laune beizubehalten und zu warten, bis sie sich von selbst verflüchtigt. Nur so funktioniert es meistens nicht. Wenn man an seinem Gefühl oder seiner Vorstellung festkleben möchte, bleiben sie einem meist auch treu.

Das waren nur einige Beispiele, um dir zu zeigen, wie wichtig es ist, deine eigenen Glaubenssätze und Bewertungen zu erkennen und zu durchschauen – wie im ersten Rewriting-Prinzip vorgestellt. Sie filtern deine Wahrnehmung und können dich unbewusst steuern. Ich führe das hier erneut an, weil die Prinzipien eng miteinander verwoben sind. Nur wenn du dir deine eigenen Bewertungen immer wieder vergegenwärtigst, kannst du diese auch einfühlsam reframen. Der neue Rahmen selbst sollte dich nicht wieder einengen und zu einem ungünstigen Glaubenssatz erstarren. Erst mit dieser Achtsamkeit wirst du der Autor deines Lebens und entscheidest selbst. Das führt zu einer großen Freiheit, weil du deinem Schicksal nicht ohnmächtig ausgeliefert bist und deine eigene Wirksamkeit erkennst.

Beim Schreiben greift das Prinzip des Reframings automatisch, weil über kreative Ausdruckskanäle wie Erzählformen, -stile und -traditionen dein Status quo in neue Bahnen gelenkt wird. Die Schreibimpulse, die in diesem Buch auf dich warten, stärken dabei nicht nur deine Kreativität, sondern auch deine Offenheit und spielerische Entdeckungsfreude. Je authentischer du mit der Zeit schreibst, desto individueller denkst und lebst du. Mithilfe der Übungen erprobst und überprüfst du verschiedene Möglichkeiten der Neubewertung und Interpretation. Manche werden besser zu dir passen, andere verwirfst du eben. Und nichts ist, wie es auf den ersten Blick scheint. Mit jedem frei und bewusst gewählten Wort und Gedankendreher feierst du eine Farewell-Party und verlässt die Komfortzone aus alten

Glaubenssätzen, weil du dich auch jetzt während des Reframings immer wieder hinterfragst, um dich selbst nicht reinzulegen über neue Beschränkungen deiner Sichtweise. Auf der Reise bemerkst du, wie deine Schreibweise deine eigene Sicht verändern kann. Denn wie sagte Mahatma Gandhi einst: »Sei die Veränderung, die du dir selbst von der Welt wünschst.« Erst wenn du bereit bist, dir kein fertiges Bild von dir und deinem Leben zu machen, kannst du dieses auch verändern.

Aber wie jede Form von Erkenntnis wächst auch diese über Zeit, Vertrauen, Mut und Hingabe. Dieses Prinzip hast du in dem Kapitel »Die authentische Stimme finden« kennengelernt. In jeder Schreibübung trainierst du daher einen liebevollen Blick auf dich, der jeden zuvor identifizierten Glaubenssatz und jede Vorstellung aus unterschiedlichen Blickwinkeln betrachtet.

Zusammengefasst besagt das dritte Rewriting-Prinzip: Reframing ist ein mächtiges Instrument, das im Leben genauso wie beim Schreiben eingesetzt werden kann. Im Zusammenwirken mit den Prinzipien »Glaubenssätzen auf der Spur« und »Deine authentische Stimme finden« kannst du die Augenblicke deines Lebens nicht nur festhalten, sondern sie in einen für dich sinnvollen und konstruktiven Zusammenhang setzen. Jetzt fehlt nur noch ein Prinzip, um den Rewriter in dir zu aktivieren: »Das große Loslassen«, das du nach dem folgenden Insight näher betrachten kannst. Das Insight gibt dir einen ersten Eindruck davon, wie man das Reframing-Prinzip zur Anwendung bringen und zugleich seine authentische Stimme schulen kann. Es kann dir helfen, die Prinzipien in einem ersten Zusammenhang zu sehen und zu erkennen, dass es gar nicht so schwer ist: Schreiben und Sein zu verbinden.

Insight: Der Krieger in mir

Wohin mit mir? Wer bin ich? Und was soll ich aus meinem Leben machen? Auf all diese Fragen konnte Simone keine zufriedenstellende Antwort finden. Sie hatte noch keine Familie gegründet, zweifelte an ihrer Berufswahl und haderte mit sich selbst und der Liebe. Ein Triumph schien in weiter Ferne. Ihre inneren Stimmen gerieten in Aufruhr, und eine davon war besonders hart und beschimpfte Simone als Schwächling. Auf in den Kampf, riet ich ihr, und so schrieb sie einen Brief an ihren inneren Erzähler, um ihr Herz keinen weiteren Schimpftiraden auszusetzen. Im Laufe der Schreibübung stärkte sie ihre authentische Stimme, die in ihr die Kriegerin weckte. Zuletzt erkannte sie, dass derjenige stark ist, der sich traut, seine Rüstung abzulegen und dem Leben weich und verletzlich zu begegnen. Eine Kriegerin ohne Waffen reframte mutig ihre authentische Stimme.

Lieber innerer Dämon,
ich wollte dir einen Brief schreiben, aber auch das ist mir bisher nicht gelungen. Erst heute finde ich Worte. Und ja, ich weiß, die innere Stärke, von der du sprichst, die würde mir jetzt wahrscheinlich besser stehen und mir verbieten, diese Zeilen zu schreiben.

Aber weißt du was, das mit der inneren Stärke, das sehe ich nicht so eng. Ich mag es, aus mir herauszuhüpfen, auf meinem Kopf zu tanzen, mit dem Wahn zu flattern, mir ins Hirn zu flüstern: »Du Trottel, hör doch nicht immer nur auf dein Herz, hier oben gibt's auch was, das is' einigermaßen klug und könnte dir so einiges ersparen«, mag mir die Unterhose über den Kopf ziehen, wenn's mal scheiße war, und mir selbst auf den Popo kloppen, wenn ich Mist gebaut hab. Nein, ich will lieber leben mit dem ganzen Rauf und Runter. Was hab ich von der inneren Stärke im Leben, wenn mir dabei mein Herz verkümmert? Mir ist schon so viel Dämliches passiert, und bisher bin ich immer wieder aufgestanden. Klar, da gibt es Narben, die man sehen kann, und andere, die sieht man nicht. Manche heilen schneller, andere brauchen ein wenig mehr Zuwendung und Zeit. Und mit dieser Gewissheit stürze ich mich in jeden Wahnsinn, der mir schmeckt, Baby. Daran ändert keiner was!

Ich empfinde es in keinster Weise als Schwäche, zu dem zu stehen, was ich fühle und was ich bin. Mein Krieger ist schweigsam, still und sanftmütig. Er nimmt viel hin, weil er weiß, dass der, der um sich schlägt, sich selbst bekämpft. Mein Krieger wehrt sich nicht, denn er straft nicht den, der sich selbst schon genug straft. Mein Krieger leidet vielleicht etwas zu viel, weil er das mit der inneren Stärke noch nicht so raushat, aber dafür ist er weich und sanft und lässt Empfindungen und Wahrnehmungen durch sich fließen und blockt sie nicht aus. Wenn es ihm zu viel wird, versteckt er sich gern, dann sieht man seine Augen nicht. Mein Krieger ist leider auch manchmal feige und traut sich nicht, vollkommen zu sich zu stehen, wenn das Wetter in Blitz und Donner umschlägt. Das wäre schon wichtig, dass er das noch hinbekommt. Er traut sich auch noch nicht, in

Gesellschaft seinen Schrei auszustoßen, wenn die Natur ihn überwältigt, aber dafür pocht sein Herz wild mit dem Wald, und er spürt ihn von den Wurzeln über die Ameisen bis hin zu den Baumkronen. Mein Krieger ist nicht vollkommen, und das soll er auch gar nicht sein; das Wichtigste ist, dass er festhält wie der Ratz am Leberkas, wenn ihm etwas wirklich wichtig ist. Mein Krieger weiß oft mehr als ich, und ich vertraue ihm vollkommen.

»Ein Leben ohne Liebe ist ohne Bedeutung. Frag dich nicht, welche Art von Liebe du suchen sollst, spirituelle oder materielle, göttliche oder weltliche, östliche oder westliche ... Teilung führt nur zu weiterer Teilung. Die Liebe kennt keine Bezeichnungen, keine Begriffe.

Sie ist, was sie ist, rein und schlicht. Die Liebe ist das Wasser des Lebens. Und ein geliebter Mensch ist eine Seele aus Feuer! Wenn das Wasser das Feuer liebt, dreht sich das Universum anders als zuvor«, schrieb Elif Shafak.

Ich behalte mir die Liebe im Herzen, die, welche meine Augen strahlen lässt. Ich lass sie mir niemals stehlen!! Das möchte ich mir mitgeben auf meiner Reise – komme, was wolle.

Das große Loslassen und -schreiben

Kinder beim Spielen sind oft völlig in sich versunken. Sie fließen über, weil sie im Moment aufgehen. Sie folgen dem, was sie vergnügt, und können so über ihren Ängsten, Unsicherheiten und Zweifeln stehen. Ein spielendes Kind ist im Einklang mit sich selbst. Nicht die Performance steht im Vordergrund, sondern das Erleben.

Ich nenne dieses vorerst letzte Rewriting-Prinzip das große Loslassen, weil es die ungekünstelte Freude am Tun und an Weiterentwicklung in sich birgt. Es steht für den Flow, der sich einstellt, wenn man ihn nicht sucht; man findet ihn in der Ausgelassenheit.

Maler, Dichter, Musiker – sie alle kennen den Zustand der Selbstvergessenheit, bei dem man ganz bei sich ist. Sie vertrauen ihrer Leidenschaft, ihrer Kreativität und ihrer eingeübten Kunstfertigkeit, weshalb sie scheinbar schwerelos improvisieren können. Verstand und Gefühl tanzen miteinander, ohne sich dabei auf die Füße zu treten.

Im Rewriting-Flow tanzt du um deine biografischen Schätze herum und genießt den Tanz ebenso sehr wie die Qualitäten, die sich ausdrücken dürfen. Intuitiv wirst du immer mehr über dich erfahren, von dir und über dich lernen wollen. Es gehört allerdings eine große Portion Vertrauen dazu, sich selbst loszulassen und in der Gewissheit zu entspannen, dass die Antworten zu einem kommen – beim Schreiben und auch im Leben selbst. Vielen Erfindern sind die besten Ideen gerade dann gekommen, wenn sie nicht damit gerechnet haben. In Momenten, in denen sie nicht ständig um die Aufgabenstellung kreisten, sondern diese unbewusst losgelassen hatten. Plötzlich konnte es dann buchstäblich in sie einfallen – die Lösung eines Rätsels, eine Vision oder der Gedankenblitz. Je mehr du dich traust, deiner Kreativität spontan Ausdruck zu verleihen, desto mehr vergisst du, was du eigentlich erreichen wolltest, und kommst dennoch an, ohne jemals stehen zu bleiben.

Das große Loslassen bedeutet vor allem, Vertrauen in den kreativen Fluss zu haben und dich mit dem Gedanken anzufreunden, dass alles in seinem Rhythmus schwingt.

Manch einer sucht nach kausalen Zusammenhängen zwischen sich selbst und der Welt, um Ordnung und Sinn in die Umstände zu bringen. Eine Ordnung oder einen Sinn hinter dem großen Ganzen zu erkennen hilft manchen, sich dem Leben nicht ausgeliefert zu fühlen. Ein anderer hält alles, was ihm geschieht, und das Sein als solches für kontingent. Ob man an eine höhere Macht glaubt, die einen bestraft, belohnt oder beschützt, muss jeder für sich selbst entscheiden. Doch ganz sicher gibt es etwas, das gefühlt größer ist als man selbst – das Leben, die Natur, die Wissenschaft oder der Glaube. Woran also glaubst du? Was nährt dich? Welcher Idee kannst du dich hingeben? Wo kannst du vertrauensvoll loslassen? Für diese Fragen braucht es nicht nur Vertrauen in dich und in deine Fähigkeiten, sondern auch in Phänomene, die außerhalb deiner selbst wirken. Sie sind wie der Zufall nicht steuerbar oder folgen anderen Gesetzen. Diese Energie, die außerhalb deines Ichs ist, wird auch als Transzendenz bezeichnet – weil sie über dein eigenes Leben hinausgeht und doch mit dir verbunden ist. Sie ist einer Nabelschnur ähnlich, die dich nährt, aber nicht aus dir heraus entstanden ist. Das Prinzip des großen Loslassens bedeutet eben nicht nur offene Freude am kreativen Prozess, sondern auch die Erkenntnis, nicht alles wissen und kontrollieren zu können. Das muss dich aber nicht verunsichern, sondern kann dich geradezu beflügeln. Du kannst dieser kosmischen Unwissenheit mit neugierigen Blick begegnen. Es klingt paradox: Du gehst mit den Möglichkeiten, die sich dir anbieten, und nicht mit deinen Erwartungen. Dabei gebrauchst du deinen Kopf, anstatt ihn hängen zu lassen. Du surfst auf deinen Gefühlen, statt mit ihnen gemeinsam wegzudriften. Danach lässt du los und beobachtest, was in dir gehört, gefühlt und gesehen werden will. Das sind die zwei Seiten des Flows – einmal fließt du mit deinen inneren Energien mit, das andere Mal mit den äußeren.

Aber wird man dabei nicht träge, wenn man immer nur mit dem Flow geht? Kann nicht im Strom des Lebens Entscheidendes an einem vorbeischwimmen, wenn man sich nicht daran festhält? In der fernöstlichen Philosophie existiert ein erweitertes Prinzip des Loslassens, das Wu wei. Es stammt aus dem Daoismus und besagt, vereinfacht formuliert, dass der Mensch seine Energien zwar ausrichten sollte, ohne jedoch das Ziel wie einen Balken vor Augen zu haben. Der Balken kann nämlich so groß werden, dass man die Gunst des Augenblicks ebenso wenig erkennt wie die Möglichkeiten, die sich neben den eigenen Zielen auftun. Daher wird Wu wei oft auch als absichtsloses Handeln beschrieben, weil es einen für die ungeplanten Möglichkeiten des Lebens öffnet, ohne dass man untätig ist. Man wird zu einem durchlässigen Resonanzkörper, der aufnimmt und abgibt. Beim Schreiben kannst du beides zugleich erleben. Du widmest dich deiner Aufgabe und bist empfänglich für Feedback in Form von Menschen, Begegnungen, Zufällen und Überraschungen. Und wenn das Ergebnis mal nicht so gut wie erwartet ausfallen sollte, stellst du dich nicht selbst infrage, sondern suchst nach anderen Lösungswegen. Willst du hingegen unbedingt authentisch leben und schreiben, kann das zum gegenteiligen Effekt führen, weil du verkrampfst, anstatt dich von deiner Intuition führen zu lassen.

Mit deinen Empfindungen im Einklang zu sein lässt dich Vertrauen fassen und dir Zeit geben. Im Geiste des Wu wei kannst du ergebnisoffen sein, und was auch immer du gerade fühlst, wird Teil deines Schreibflusses. Du pflanzt deinen Wunsch nach Erkenntnis in dein Unterbewusstsein und lässt ihn dort gedeihen und wachsen – nicht mehr und nicht weniger. Beim Loslassen erzwingst du nichts, sondern lässt geschehen. Nicht der Zwang führt zum Ergebnis, sondern die Freude. Außerdem spornt Freude zur Kreativität an und lässt dich den Prozess selbst würdigen, ohne dabei auf das erwünschte Ergebnis zu schielen.

In der Yoga-Praxis habe ich ein ähnliches Prinzip entdeckt. Am Beginn der Stunde wählt der Übende eine positive Affirmation wie zum Beispiel »ich habe Kraft« oder »ich bin ruhig und bestimmt«, die ihn durch die Stunde leitet. Die Intensität der Übungen erfordert dann jedoch so viel Achtsamkeit und Konzentration, dass man sich nicht auf das eigene Mantra fixieren kann. Und gerade über das Loslassen manifestiert es sich unbehelligt in Körper, Geist und Emotion.

»Ich will mich selbst erkennen« ist wie ein impliziter Auftrag, den du dir beim Schreiben ganz in Wu-wei- oder Yoga-Manier geben kannst, um ihn dann an deine Neugierde, Achtsamkeit und Offenheit zu delegieren. Alles, was aus dir rauswill, wird so den Weg nach draußen finden. Und je mehr du auf deine Ressourcen vertraust, desto unwichtiger werden all die quälenden Stimmen in dir, die dich bewerten oder dich in ein Schema pressen wollen. Die kleinen Nörgler können nur etwas erreichen, wenn du dich von ihnen bremsen lässt. Manchmal werden schräge Bilder und kuriose Erzählungen entstehen, manchmal Texte voller Lebensschmerz und zauberhafter Momente. So wirst du zum Abenteurer und musst dafür nicht mal in die große weite Welt ziehen. Du sitzt, träumst, schreibst, und dein eigenes Herz wird zum Epizentrum. Dich unvoreingenommen zu betrachten ist Liebe – unzensierte und freie. Und ehe du überhaupt den Entschluss fasst, befindest du dich immer und zu jeder Zeit in einem Wortfluss, den du nur anzapfen musst.

Das große Loslassen besagt zusammenfassend: Vertraue dir und freue dich an dem, was in dir ist und rauswill. Verbinde dich mit deiner eigenen und der über dich hinausgehenden Energie und setze deinen Träumen und Visionen keine Grenzen, damit sie auch in die reale Welt wandern können.

Nicht Haben, sagte der Psychoanalytiker Erich Fromm, sei das Ziel des Lebens, sondern Sein. Und dein Sein kannst du eben nur entfalten, indem du dich entfaltest. Und je mehr du das Schreiben mit dir selbst ausfüllst, desto erfüllter wirst du werden. Dafür wünsche ich dir viel Vertrauen in dich und vor allem ausgelassene, achtsame Freude beim Schreiben wie im Leben.

Übung

Warm-up: Intuitives Schreiben

Wenn du den Schreibflow kennenlernen willst, bietet sich das automatische oder auch intuitive Schreiben an. Hier geht es darum, den Flow nicht bewusst zu forcieren, sondern unablässig zu schreiben, um ihn von allein entstehen zu lassen. In der Regel schreibt man, was auch immer einem in dem Moment einfällt. Und selbst wenn dir gerade nichts einfallen sollte, kannst du wortreich diese Schreibleere formulieren. Stell dir einen Timer (am Anfang auf nicht mehr als zehn Minuten) und hör erst mit dem Schreiben auf, wenn die Uhr dich aus dem Bewusstseinsstrom klingelt. Wenn sich dir Hindernisse in den Weg stellen, versuche, sie wie beim Hürdenlauf zu überspringen – nur mit Buchstaben. Du könntest beispielsweise einfach über die Hindernisse schreiben, was sie mit dir machen, wie sie sich anfühlen und ob du ihnen erlaubst, zum Stopper zu werden. Oder du gehst mit ihnen in den Dialog und befragst sie, warum sie sich dir in den Weg stellen und aus welchen guten Gründen du dennoch weiterschreibst. Lass dich nicht von deinen Ängsten bezwingen, denn sie werden mit der Zeit kleiner, wenn sie nichts bewirken können. Diese sehr freie Schreibform kannst du regelmäßig praktizieren, um in den Fluss zu kommen. Im Schreibprozess kristallisieren sich meist Themen heraus, die dich gerade beschäftigen und hervorkommen wollen. Wenn die Themen am Anfang noch auf sich warten lassen, kannst du auch mit folgendem Vorschlag ins Üben kommen:

Du bist von deinem inneren Zensor angeklagt worden und stehst vor Gericht. Dir wird vorgeworfen, das Gesetz des richtigen Schreibens, Denkens und Handelns gebrochen und dabei mutwillig den Rahmen gesprengt zu haben. Deine Visionen und fantasievollen Erfindungen wären Sand im Schreib-Getriebe, heißt es. Außerdem würdest du dir zu viele Freiheiten einräumen und überdies beim Schreib- und Erkenntnisprozess auf positive Gefühle spekulieren. Das Leben sei aber nun mal kein Ponyhof und das Schreiben ebenso wenig; alles müsse hart erkämpft und verdient werden. Vertrauen sei gut, aber Kontrolle viel besser.

Dein Wu-wei-Anwalt ist kurzfristig ausgefallen, sodass du dich spontan selbst verteidigen musst. Lass dich auf das Gedankenspiel ein, und schreib 15 Minuten ohne Unterlass ein Plädoyer fürs freie Sein und Schreiben. Auf welche Schreibart auch immer du Partei für dich ergreifen willst – lass dich frei und überschäumen.

KREATIV SICH SELBST ENTFALTEN – SCHREIBFORMEN

Es rattert, pfeift und zischt – wenn man in der Schreiblokomotive sitzt. Erst bringt sie träge ihren bleiernen Körper in die Gänge, um sich dann behäbig durch innere Landschaften zu schlängeln. Kleine Dämonen winken einem zu, Personen aus der Vergangenheit kochen ihr eigenes Süppchen, und lachende Glücksgefühle baumeln in Hängematten. Die Finger schreibt man sich wund, weil alles festgehalten werden will, was an Entdeckungen an einem vorbeirauscht. Hält die Lok an einer verwaisten Station an, dehnt man sich in die Landschaft aus, holt tief Luft, knetet sich die Hände und lauscht dem noch motorisierten Herzen. Wo bin ich nun schon wieder gelandet?, fragt man sich bisweilen. Und der eiserne Schreibfreund schnaubt vor sich hin und wartet, bis es wieder heißt: Bitte einsteigen und weiterschreiben. Staunend kann man sich auf etwas unsicherem Terrain bewegen, der Heimat seiner Fantasie und Seele. So vielfältig die Erfahrungen auch sind, so individuell sind auch die Schriften, die diese Heimat beschreiben. Wie also anfangen, über dich und die Welt zu schreiben oder, um im Bild zu bleiben, die Lokomotive anzuheizen? »Jedem Anfang wohnt ein Zauber inne«, verhieß der Dichter Hermann Hesse. Doch Anfänge sind nicht nur verheißungsvoll, sie sind auch voller Untiefen, lösen Ängste aus. Am Ende wirst du vielleicht ein anderer sein oder Orte in dir entdecken, die du instinktiv lieber gemieden hättest. Mutig mit dem Stift in der Hand losschreiben – das ist manchmal leichter gesagt als getan. Mit diesem Gefühl bist du nicht allein, selbst abgebrühte Schriftsteller erleiden bisweilen Fieberschübe, wenn sie etwas aufschreiben wollen und ihre Worte verdampfen, bevor sie aufs Papier gebannt werden können. Doch immer wieder gelingt es ihnen, sich zu überlisten, indem sie sich bestimmter Schreibvorbilder bedienen, einen Schreibstil imitieren, mit Perspektiven experimentieren oder auf bewährte Erzähltraditionen zurückgreifen.

Die Suche nach einer passenden Erzählform ist aber keineswegs nur sinnvoll, um den Schreibmuskel zu trainieren. Sie schult auch die Flexibilität, weil man je nach Absicht und Laune in einem Erzählarchiv stöbern kann und nebenbei neue Facetten zutage treten lässt. Mich erinnert dieser Prozess der Imitation und Improvisation an die spannende Frage vor so mancher Reise: Was ziehe ich an, damit ich für mein Abenteuer in allen Lebenslagen gut ausgestattet bin? Wenn ich mich auf diese Reise vorbereite, kann ich meine Tasche voller Vorfreude mit unterschiedlichen Erzählformen packen. Die eigene Persönlichkeit schwingt in einer dynamischen Kurzgeschichte anders als in einem knappen Gedicht. Sie kann laut in einem Poetry Slam poltern oder sich hinter tausend Märchenfiguren verstecken. In täglichen Protokollen und Tagebuchnotizen wispert sie Geheimnisse oder rauscht intuitiv in Brainstorming-Wellen heraus. Sie darf sich futuristisch in die Science-Fiction-Garderobe werfen oder sich mit journalistischer Spitzfindigkeit selbst interviewen. Wenn du die Reise zu dir selbst antrittst, kannst du dich in verschiedene Schreibdesigns kleiden. Deine favorisierte Erzählweise ist dabei wie ein Lieblingskleidungsstück, das du unabhängig von der aktuellen Mode so oft wie möglich zur Schau stellst. Doch du darfst dich aus dem gesamten Fundus frei bedienen, ohne Scheu oder falsche Ehrfurcht. In der geschützten Form bestimmter Erzählformen kannst du es dir bequem machen und auf der Basis von Kenntnis und Erfahrung ins Experimentieren kommen. Sie sollen dich keinesfalls einsperren, da würde nur dein innerer Zensor oder Rebell aktiv. Du kannst sie sogar mit der Rewriting-Zeit sprengen, wie jedes andere Tabu. Glaubenssätze aufspüren, die authentische Stimme finden, Reframing und das große Loslassen – inzwischen hast du einen Einblick in die einzelnen Rewriting-Prinzipien erhalten. Die vorgestellten Wirkweisen helfen dir, achtsam hinter deine eigene Schreibkulisse zu blicken und bestimmte emotionale Fallstricke zu erkennen und zu überschreiben. Die folgende Auswahl an Schreibformen unterstützt dich nun darin, bestimmte Erfahrungen in einen neuen Kontext zu setzen, die Perspektive zu ändern und beim Schreiben nicht ins Stocken zu geraten. In ihnen kannst du stöbern, mit den vorgestellten Prinzipien experimentieren und dich zwanglos in Schreibschale werfen. Grundsätzlich gilt: Erlaubt ist, was dir gefällt. En passant entwirfst du biografische Kostbarkeiten. Der Zauber wohnt eben nicht nur dem Anfang inne, sondern auch dir. Es folgt eine kleine Kostümprobe, um als illustrer Passagier die Schreiblokomotive zum Dampfen zu bringen.

Der Kurzgeschichtler

Der Kurzgeschichtler ist ein bunter Reisegeselle, der viel zu erzählen hat und sich dennoch gern knapp hält, getreu dem Slogan: *Keep it short and simple.* Geschwätzigkeit ist ihm fremd, daher kondensiert er seinen Einfallsreichtum und seine Bildgewalt in eine Kurzgeschichte. Um dich als Kurzgeschichtler zu üben, startest du mit ebenjener Erzählform, die ich bevorzuge, weil man sich aufs Wesentliche konzentrieren und den Moment verdichten kann. Das ist keinesfalls einfacher, als einen langen Text zu schreiben, aber Kurzgeschichten haben den Vorteil, dass man leichter mit unterschiedlichen Stilen und Schauplätzen experimentieren kann und nicht wie im Roman lange auf ein Genre festgelegt ist. Das Setting, der Schauplatz, auf dem deine Erzählfiguren oder fiktiven Charaktere auftreten und agieren, ist dabei wichtig. Möchte man beispielsweise seine Idee in die Vergangenheit beamen, kann man eine historische Geschichte schreiben. Dort kleiden sich die Figuren in historische Kostüme, sie eignen sich die passende Sprechweise an und bewegen sich selbstvergessen in einer Welt, die heute in dieser Form nicht mehr existiert – ausgestorbene Dinosaurier, die dennoch jede Menge zu erzählen haben. Wenn du von dir in der Erzählform der Kurzgeschichte erzählen willst, achte auf die Sprachfärbung, die spezifische Umgebung und bereite das zunächst statische Setting vor. Die Bewegung kommt mit den Figuren, die zueinander in Beziehung gesetzt werden. Du kannst dir überlegen, welche sich nahe sind oder spinnefeind. Du kannst kleine Charakterstudien entwerfen und die Figuren damit zum Leben erwecken. Dabei bestimmst du als Kurzgeschichtler das Tempo. Mit der Art, wie knapp oder lang du deine Sätze hältst, bringst du deine Geschichte in Schwung oder ins Stocken. Wenn du aus der Ich-Perspektive schreibst, schränkst du den Radius ein und kannst dafür mit der fiktiven Figur verschmelzen. Oder du kreist wie ein Adler über deiner Wortlandschaft und weißt als Einziger, was passieren wird, verrätst es aber nicht. In dieser Rolle bist du ein auktorialer Erzähler und schwebst souverän über dem Geschehen. Als personaler Erzähler wählst du die distanzierte Er/Sie-Form, um dich von den Gefühlen deiner (inneren) Personen nicht überrollen zu lassen. Die Hauptfiguren nennen sich Protagonisten, das sind die Helden oder Antihelden deiner Reise. Und wenn du in deine Geschichte Unmittelbarkeit und unterschiedliche Perspektiven einbauen willst, lässt du deine Figuren über Monologe oder Dialoge zu Wort kommen. Es ist ein großes Schreibspiel. Am Anfang kannst du dir überlegen, mit wem oder welchem Thema du dich auseinandersetzen willst. Mit differenzierten Beschreibungen kannst du etwas heranzoomen oder im Zeitraffer durch die Handlung galoppieren. In der Kurzgeschichte ist es dir möglich, Regisseur, Schauspieler und Bühnenbildner in einem zu sein. Möchtest du deinem Thema nahe sein, schreibst du in der Ich-Form. Kriminalistisch, spannend, romantisch, fantastisch, dramatisch oder lustig – du kannst deinem Setting auch eine bestimmte Färbung geben. Mit diesem Filter sieht die von dir erschaffene Welt düster, rosarot, verwegen oder fantastisch aus. Mit jeder Wendung, die du in deine Geschichte einbaust, gewinnt deine Stimme an Kraft, Lebendigkeit und Tiefe. Du kannst im Präsens, Präteritum oder in der Zukunftsform fabulieren. Wenn du beispielsweise das Jetzt in die Vergangenheit katapultierst und so tust, als ob alles bereits geschehen wäre, wird dadurch eine andere Atmosphäre entstehen. Versuche es selbst einmal: Beschreibe in allen Einzelheiten, wie du dich jetzt gerade fühlst. Setz daraufhin deine Momentaufnahme in die Vergangenheit, als sei das Gefühl bereits an dir vorbeigezogen. Es ist faszinierend, wie sich plötzlich die Dynamik verändert, wenn solche oder ähnliche Kunstgriffe vorgenommen werden. Setz als Kurzgeschichtler literarische und biografische Footprints, ohne über deine eigenen Erwartungen zu stolpern. Wenn du magst, kannst du dich an diesem Kapitel immer wieder orientieren und dir Impulse holen, falls du selbst noch keine Geschichte geschrieben hast. Das große Geschenk einer Erzählform wie der Kurzgeschichte ist, dass sie Figuren, Orte und Ereignisse miteinander in Bezug setzt und ihnen Sinn verleiht – ein gutes Übungsterrain fürs Leben also. Du gibst deiner Geschichte einen Sinn, der für dich relevant ist und sich nicht an anderen misst. Und wenn du das in einer Geschichte spielerisch schaffst, kannst du analog dazu deine eigene Lebensgeschichte in einen neuen Kontext setzen und beobachten, was in dir und um dich herum geschieht. Das Rewriting-Prinzip »Glaubenssätzen auf der Spur« hilft dir dabei, weil es dich befähigt, unterschiedliche Stimmen und eigene innere Figuren zum Sprechen zu bringen, und du ihre Dynamik überprüfen kannst. Schreibend kannst du dich auf das Leben vorbereiten, ohne gleich ins kalte Wasser zu springen.

Übung

Warm-up: Kurzgeschichtler

Bevor du den Kurzgeschichtler in dir stärkst, wirf zunächst einen Blick in deinen Kleiderschrank und wähle dir eine bunte, wilde Mixtur aus unterschiedlichen Kleidungsstücken, die dich auf die Schreibreise begleiten sollen. Womöglich ist es auch nur ein bestimmtes Accessoire, das du tragen willst. Erinnere dich daran, wie du als Kind in unterschiedliche Rollen geschlüpft bist. Vielleicht bist du in den übergroßen Pantoffeln deiner Eltern herrschaftlich wie ein König durch die Wohnung stolziert. Heute schmückst du dich für deine erste Schreibexkursion. Je origineller und kreativer, umso besser. Begib dich nun in deinem Outfit auf folgende Fantasiereise.

Stell dir vor, du bist Glücksforscher. Lange Zeit hast du nach einem Heilmittel gesucht, um die Menschheit vom Unglück zu befreien. Plötzlich findest du es. Woraus besteht die Tinktur? Gehst du mit deiner Entdeckung an die Öffentlichkeit? Es könnte ja sein, dass sich Bösewichte der Rezeptur bedienen und sich das Glück patentieren lassen. Wie löst du diesen Konflikt? Wähle dir eine Perspektive, die dir gerade zusagt. Beschreibe das Setting, dich als Wissenschaftler, die inneren und äußeren Konflikte, denen du ausgesetzt bist. Lass dich in der Rolle Monologe und Dialoge führen. Vielleicht wird es spannend, vielleicht wird es romantisch, vielleicht kommt die Geschichte mit wenig Handlung aus, hat dafür aber viel Gefühl.

Nimm dir für deine Vorüberlegungen ein weißes Blatt Papier und notiere dir spontan deine Einfälle zu Personen-Charakteristika, Setting und Plot. Du kannst dir den Wecker stellen, um eine Stunde lang deinen inneren Kritiker auszuschalten. Warte nicht darauf, zufrieden zu sein, sondern nutze den tickenden Wecker als Startschuss, und schreibe spätestens dann einfach darauf los. Diese Zeit gehört dem Kurzgeschichtler in dir. Wenn der Wecker schrillt, kannst du wieder im Hier und Jetzt landen und dein buntes Outfit ausziehen. Beim Anfang, beim Höhepunkt oder beim Ende – an welcher Stelle auch immer du schreibend angelangt sein wirst, verweile dort für einen Moment. Natürlich kannst du danach auch gleich weiterschreiben. Oder du vereinbarst ein nächstes Date mit dir, um deine Geschichte weiterzuentwickeln. Vertraue darauf, dass sich deine Figuren von allein Gehör verschaffen werden, solange du sie nicht ausbremst.

Vielleicht hast du mit dieser Geschichte eine geheime Rezeptur gefunden, die deine Seele nährt. Die Medizin aus Buchstaben muss nicht einmal bitter schmecken, denn du schreibst, um dir selbst Ausdruck zu verleihen. Sobald du etwas gefunden hast, das dir und anderen Freude bereiten kann, bist du deinem Sein übers Schreiben ziemlich nahegekommen.

Der Autobiograf

Auf den ersten Blick wirkt er ein wenig eindimensional, der exhibitionistische Autobiograf, schreibt er doch in erster Linie von sich. Als strahlende Sonne in seinem eigenen Kosmos dreht sich alles nur um ihn. »Es ist zwar alles gesagt, aber noch nicht von jedem«, belustigte sich einmal der Kabarettist Karl Valentin. So kann man dem Selfie-Writer unterstellen, dass seine Schreibzeugnisse eine einzige Nabelschau sind, selbst-, aber nicht weltbewegend. Wer seine Geheimnisse ausplaudert, ist langweilig, könnte man meinen, weil es dann doch nichts mehr zu entdecken gibt. Blickt man in die Literatur, wird man jedoch schnell eines Besseren belehrt. Es finden sich zahlreiche bedeutende Autoren, die durch ihren autobiografisch geschärften Blick ein kurzweiliges, reflektiertes und spannendes Bild ihrer Welt wiedergegeben haben. Mit ihrer authentischen und oft unverblümten Art wurden sie zu Vorbildern, die sich mutig mit sich auseinandersetzten und sich offenbarten. Sie beschrieben ihre Erfolge und Misserfolge, zeigten ihre Verletzungen und Ängste.

Die Jüdin Anne Frank vertraute beispielsweise ihrem Tagebuch geheime Ängste, aber auch alltägliche Sorgen an, als sie sich im Dritten Reich vor den Nationalsozialisten versteckt halten musste. Intuitiv hielt sie sich an den Worten fest und hinterließ Hoffnung in die Menschlichkeit. Jahrzehnte später ist Anne Franks Wortporträt weltbekannt und dient vielen als Vorbild.

Über sich zu schreiben kann die eigene Seele retten und andere dazu inspirieren, das Eigene im Fremden zu erblicken und sich darin zu spiegeln. Was man fühlt und nicht ausdrücken kann, übernimmt stellvertretend der Autobiograf. Die fremde Verletzlichkeit offenbart einem seine eigene – und doch ist man ihr so weniger ausgesetzt und außerdem nicht allein damit. Aber nicht immer muss es so dramatisch sein. Der Autobiograf kann sich auch einfach selbst beim Wachsen zusehen – ähnlich wie Eltern, die ihre Kinder jährlich messen, um festzuhalten, wie viele Zentimeter sie in die Höhe geschossen sind.

Um zu erfahren, was die eigene Welt im Innersten zusammenhält, übt sich der Autobiograf in liebevoller Ehrlichkeit sich selbst gegenüber. Er taucht tief zu den eigenen Wünschen, Visionen und Ängsten hinab. Während er sich im Spiegel hellwach mustert, entsteht ein Wortabdruck seiner Seele im Hier und Jetzt.

Was beschäftigt mich gerade und wühlt mich auf? Was brauche ich, um mich satt und sicher zu fühlen? Gedanken, Gefühle und Erfahrungen zirkulieren oft unbewusst, vor allem unangenehme. Für mich gehört daher zum autobiografischen Schreiben sehr viel Mut und Chuzpe dazu, denn jedes Mal lüfte ich ein weiteres Geheimnis von mir. Ich werde mir selbst zum Beichtvater und sitze zugleich auf dem Beichtstuhl. Und manchmal bin ich mir der ärgste Feind. Vieles wird einem erst bewusst, wenn man ohne Mitwisser schreibt. Verletzliche und zaghafte Gedanken können auf diese Weise das Licht der Welt erblicken. Tagebücher und Ich-Notizen sind daher kostbar, sie beinhalten den unverschlüsselten Code zu dir selbst. Und es gibt so viele schöne Arten, über sich selbst zu schreiben, sprich zu reflektieren. Sich selbst gegenüber ehrlich zu sein und trotz intensiver Gefühle den Schreibstift nicht aus der Hand gleiten zu lassen kann der Beginn einer wundervollen Freundschaft sein. Hinter jeder neuen Methode, dich selbst aus der Reserve zu locken, entdeckst du neue Facetten von dir. Das ist alles andere als ereignislos und fühlt sich zugleich vertraut an. Und wie bei jeder guten Freundschaft solltest du nicht nur in dein Tagebuch schreiben, wenn dich etwas bedrückt, sondern auch, wenn du einfach nur glücklich bist. Die strahlende Sonne und der melancholische Mond dürfen mit den Buchstaben um die Wette tanzen. All das sind Momentaufnahmen deines Selbst, das sich den Weg durchs Leben bahnt. Manchmal stolpert es auch und fällt hin, doch im nächsten Augenblick rückt es sich die Krone zurecht, um erhobenen Hauptes weiterzugehen und weiterzuschreiben.

Das ehrliche Schreiben über sich selbst kann auch magische Züge annehmen, wie ich sie in den Rewriting-Prinzipien beschrieben habe. Du erlaubst dir, du zu sein, und akzeptierst zugleich, was du in dir vorfindest, ohne dich dafür zu verurteilen. Magisch wird es, weil allein diese Haltung dazu führt, dass du mehr im Frieden mit dir sein kannst, ohne gegen dein Selbstbild ständig anzukämpfen. Du lässt es einfach los, statt ständig darum zu kreisen. Vielleicht hast du selbst schon die Erfahrung gemacht, dass du abhängig vom Blick des anderen deine Haltung veränderst. Hat jemand Zutrauen zu dir, wächst häufig auch dein eigenes Vertrauen in dich. Reagiert jemand dir gegenüber kritisch und abwertend, färbt die Ablehnung nicht selten auf dich ab. Wenn du dir gegenüber offen und liebevoll bist, wächst dein Mut, dich zu öffnen, weil du dich nicht bestrafen wirst für deine Gedanken und Gefühle. Beim autobiografischen Schreiben kannst du dich genau darin üben, indem du dir unzensiert und vorurteilsfrei zugestehst, frei aus dir herauszuschreiben. Das kann manchmal ganz schön turbulent werden, da wie in jedem Menschen auch in dir nicht nur die eine authentische Stimme gehört werden will, sondern unendlich viele. In dir tobt eine regelrechte Party, und dein Autobiograf ist der Gastgeber, der alle erst mal freundlich willkommen heißt. Wenn es dir aber mal zu bunt werden sollte mit dem Stimmengewirr im Kopf, kannst du als Gastgeber eine innere Audienz abhalten, und jede Stimme darf einzeln vorsprechen. Danach kannst du immer noch abwägen, ob du dem Bitten, Flehen, Drängen oder Fluchen der Stimmen nachgeben willst, weil sie allen Grund dazu haben. Du wirst mit der Zeit spüren, ob dahinter authentische Bedürfnisse liegen, die nicht überhört werden wollen.

Eine weitere Methode, über sich selbst zu schreiben, ist die Bilanz. Man betrachtet Lebensereignisse im Rückblick und zieht seine Schlüsse daraus. Die Art, wie du über dich schreibst, sagt weit mehr über dich aus als über vermeintlich objektive Tatsachen. Die Erinnerung und die Interpretation von Ereignissen trügt eben nur allzu oft. Siehst du dich als Sieger oder Verlierer des Lebens, wirst du diese Schlussfolgerung auch in deinem Text wiederfinden. Doch nicht alles, was du über dich denkst, muss objektiv stimmen. Es spiegelt nur deine Sicht der Dinge wider.

Bist du jedoch ehrlich zu dir, kannst du dir aus diesem Fallstrick eine Leiter basteln. Aus welcher Perspektive du etwas betrachtest, entscheidet darüber, wie du es in dir abspeicherst. Das kann zu spannenden Erfahrungen und neuen Interpretationen führen. Daher ist für mich das Produzieren autobiografischer Texte der Königsweg zu sich selbst. Er findet sich in allen Erzähldisziplinen wieder; in manchen, zum Beispiel in Märchen oder Kurzgeschichten, ist er nur etwas symbolischer oder bildgewaltiger als in anderen. Übst du dich darin, neugierig zu beobachten, ohne vorschnell Schlüsse zu ziehen, kannst du allen unkritischen Schreibern der Welt die lange Nase zeigen.

Erkenne dich selbst – diese viel zitierte Inschrift am Apollotempel von Delphi dient gleichermaßen als Aufforderung und als Mahnung. Der Anfang der Selbsterkenntnis muss dabei gar nicht so schwer sein – und er kann sogar Spaß machen. Kleinkinder hätten das Laufen nicht gelernt, wären sie bei jedem Sturz sitzen geblieben, aus Angst, wieder auf die Nase zu fallen. Daher findest du viele Übungen im Praxisteil, die dir helfen, immer wieder aufzustehen und aufzuschreiben. Du kannst damit beginnen, ein Tagebuch zu führen, falls du das nicht schon längst für dich entdeckt hast. Oder du ziehst am Ende jeder Woche ein erstes Resümee, indem du aus deinen Erlebnissen der vergangenen sieben Tage wie ein Geschichtsschreiber Zusammenhänge herstellst und einen roten Faden spinnst. Wenn du einige Resümees verfasst hast, kannst du überprüfen, ob deine Interpretationen für dich noch stimmig sind oder ob der Faden gerissen ist. Vielleicht hast du ein wenig geflunkert, damit du vor dir selbst gut dastehen kannst. Oder du hast schwarzgesehen und noch schwärzer geschrieben. Was auch immer du entdecken wirst, in all diesen Ich-Experimenten kommst du dir ein Stück näher. Dein Porträt wird schillernder und vielschichtiger und richtig spannend.

Ob Tagebücher, tägliche Protokolle, Miniaturporträts, Briefe an sich selbst, Resümees – der Fantasie sind keine Grenzen gesetzt. Mal wirst du wütend sein, mal traurig, mal gewitzt und mal vorlaut. Und erst, wenn du all das schreibend zulassen kannst, wird sich dein Blick auf dich verändern können.

Im Islam gibt es eine schöne Parabel von dem Stein der Geduld. Dieser Stein hört seinem Besitzer geduldig zu und bewahrt alle Geheimnisse in sich auf. Er speichert, lauscht und füllt sich an. Wenn es nichts mehr zu erzählen gibt, weil ihm alles anvertraut wurde, explodiert er, und alle Geheimnisse schwirren wie Schmetterlinge aus ihm heraus. Wenn du als Autobiograf in der Schreiblokomotive durch deine innere Landschaft tuckerst, hast du vielleicht auch einen Stein in der Hosentasche, dem du alles anvertraust. Er wird dir zuhören, während er warm in deiner Hand liegt, dein Seelenschmeichler. Wenn es an der Zeit ist, wird er in Abertausenden von kleinen Diamantsplittern in die Welt segeln und überall ein Funkeln erzeugen.

Der Über-sich-selbst-Schreiber ist auf den ersten Blick etwas in sich gekehrt, weil noch keiner ahnt, wie viele Geschenke er nicht nur sich zu machen hat. Das Rewriting-Prinzip »Die authentische Stimme finden« kannst du gerade in dieser Form überprüfen, weil du in dich selbst hineinhorchst. Und Selfie-Gewässer können sehr tief sein. Viel Freude beim Ab- und Eintauchen wünsche ich dir!

Übung

Warm-up: Porträt

Spieglein, Spieglein an der Wand, wer ist der/die Schönste im ganzen Land? Um diese Frage geht es bei der folgenden Übung nicht, auch wenn du dir jetzt einige Fotos von dir oder einen kleinen Handspiegel zu deinen Schreibutensilien legen solltest.

Betrachte dich auf den Bildern bzw. im Spiegel aufmerksam, so, als ob du dir zum ersten Mal begegnen würdest. All die kleinen wie großen Erhebungen, Formen, Rundungen, Schattierungen bilden deine ganz spezifische Körper-Topografie. Vielleicht schmückt dich eine Narbe, ein ungewöhnlich geformtes Muttermal oder eine Tätowierung?

Nun porträtiere dich aus der Perspektive einzelner Körperteile. Was hat deine Hände berührt oder kalt gelassen? Oder was haben deine Augen an Schönem und Hässlichem eingefangen, was sich fest auf ihrer Netzhaut eingebrannt hat? Möchten dir deine Ohren anvertrauen, welche Stimme ihr Trommelfell zum Vibrieren bringt?

Befrage dich offen und neugierig und erinnere dich daran: Es gibt nichts vor dir selbst zu verbergen oder zu verleugnen, weil du dich in deinem So-Sein anerkennst. Dein Körper hält dein Innerstes warm und geschützt. Würdige heute seine äußere Form, indem du sie über die Beschreibung neugierig kennenlernst.

Übung

Warm-up: Protokoll

Nimm dir täglich kurz Zeit und schreib auf, was du an diesem Tag erlebt, gesehen oder welche Unterhaltungen du geführt hast. Du kannst dir auch einen Ort wählen, wo du schreiben willst, zu Hause, im Café oder bei Freunden. Bei dieser Form des Schreibens solltest du nicht zu sehr selektieren, sprich, darüber nachdenken, was an Erfahrungen wertvoll und einschneidend genug sein könnte, um überhaupt aufgeschrieben zu werden. Ich selbst bin oft überrascht, wie viele scheinbar belanglose Begegnungen oder langweilige Momente sich kurze Zeit später als bedeutsam herausstellen, während andere, vermeintlich interessante, mit der Zeit eher verblassen. Was Früchte tragen wird, weiß man oft nicht. Gerade weil die Zukunft nicht vorweggeschrieben werden kann, ist es so spannend. Wenn du regelmäßig Protokoll über deinen Alltag führst und dabei auch Nichtigkeiten festhältst, erzeugst du einen unmittelbaren, atmosphärischen Blick auf dich als eine Person, die heute nicht weiß, was morgen kommen wird – und deswegen den Schreibmoment mit allen Eindrücken füllt. Allein deinen Tag in Worte zu fassen, mit all seinen Schwächen und Stärken, schärft deinen Blick. Vielleicht bist du sogar erstaunt, wie viel du doch erlebt hast, wenn dein Tagesprotokoll vor lauter Gedanken und Gefühlen schwingt, obwohl im Außen wenig passiert ist. Wie viel Leben fand zwischen dem Einatmen und

Ausatmen statt und wie viele kleine und größere Dramen, lustige Komödien und melancholische Gesänge? Die Antworten findest du in deinen Protokollen, sie sind der Farbmalkasten, in dem du später die Farben findest, um deine Geschichten zu malen oder zu übermalen.

Der Märchenerzähler

Der Märchenerzähler ist der beliebteste Passagier in der Schreiblokomotive. An seinen Worten bleibt man wie in einem Netz hängen, weil er lebendig und fesselnd zu berichten weiß. Alltägliche Erlebnisse und banale Beobachtungen verwandelt er in synapsenkitzelnde Erzählungen. Die schlotternde Angst, die zärtliche Hoffnung, den bitteren Pessimisten – schwere Gefühlskost verdaut er in Form von Märchen, Legenden und Mythen. Mit Wortbildern umschifft er den Verstand, um das Herz zu erobern. Er, der Buchstabenalchemist, wird verehrt und geliebt.

Überall auf der Welt werden Geschichten erzählt – am Lagerfeuer, in Kinderbetten, auf der Leinwand oder in Büchern. Aus märchenberauschten Kindern werden Erwachsene, die über Erzählungen eine verzauberte Hintertreppe zu ihrer inneren Welt zu finden. Selbst Marketingexperten nutzen die Qualitäten einer gut erzählten Geschichte, um über das Storytelling-Prinzip ihre Waren in Helden zu verwandeln.

Märchen spiegeln das Bedürfnis des Menschen, sich Geschichten zu erzählen und sich in ihnen wiederzufinden. Obwohl ein Märchen auf der Erzählebene surreal und unrealistisch ist, berührt es auf einer subtileren Ebene Gefühle und Gedanken, die sehr real und wahr sein können. Wie beim Träumen küsst das Unterbewusstsein das Bewusstsein. Nur werden in diesem Fall Erzählungen geboren, die den Verstand aufbrechen, damit deine authentische Stimme herausschlüpfen kann. Und ebenjenes Potenzial schlummert wie Dornröschen in dir in der Rolle des Märchenerzählers.

Ich schreibe gern Märchen, vor allem, wenn bestimmte Gefühle in mir keinen Raum finden, um konkret ausgesprochen zu werden. Manchmal weiß ich selbst nicht genau, was in mir vorgeht, ahne etwa nur, dass sich ein Gewitter in mir zusammenbraut. Dann begebe ich mich auf die Suche nach dem diffusen Gefühl, um es wie Rumpelstilzchen beim Namen zu nennen, in der Hoffnung, es damit zu erlösen. Befrage ich in solchen Momenten meine Märchenstimme, antwortet mir vielleicht eine böse Hexe oder gehässige Stiefmutter. Zittert meine authentische Stimme, ermutigen mich Fabelwesen, lauter zu sprechen. Alles entspringt dem Reich der Fantasie, welches aus Ur-Gefühlen gezimmert wird. Liebe, Angst, Mut oder Eifersucht werden dabei in Archetypen verwandelt.

Archetypen oder klassische Märchenfiguren versinnbildlichen menschliche Attribute oder Verhaltensmuster in ihrer reinen, hochprozentigen Essenz. Die Figur des Helden entspringt etwa der Ur-Idee von Mut; das ganze Potenzial des Mutes offenbart sich im Helden. Der Archetyp des Liebenden kann das eigene Liebesvermögen repräsentieren – und darüber hinaus zielen, weil er das ganze Spektrum abbildet, während man selbst nur Facetten davon lebt. Der Krieger hilft dir, in dir widerstandsfähige und kämpferische Qualitäten zu kultivieren, indem du seine Eigenschaften im Märchen charakterisierst und dabei lernst, wie Kampfgeist erträumt werden und später ins Bewusstsein dringen kann. Die Hexe wiederum ist meist böse, die Stiefmutter intrigant und gute Feen unterstützend. Wenn ich also Unfrieden stifte, lebe ich die Qualität der bösen Hexe. Ich kann sie in meine Erzählung integrieren und weitere Figuren neben sie platzieren, die wiederum andere Aspekte in mir spiegeln.

Identifizierst du dich mit Aschenputtel oder mit Hans im Glück? All das gibt dir Aufschluss über deinen emotionalen

Status quo. Aber es geht noch weit darüber hinaus, weil du ebenjene Figuren und Archetypen dazu bringen kannst, anders zu handeln, als du es normalerweise in deinem Leben tun würdest. Die Figuren sind deine fantasiebegabten Stellvertreter, die für dich kämpfen, Ängste erleben und ihre Schatten freimütig zur Schau stellen. Du kannst ihnen erlauben, was du dir selbst noch verbietest – dich frei auszudrücken und dabei auch noch Spaß am Abenteuer zu haben. Mit einem Märchen wagst du dich aus der Komfortzone und vertraust dich deinen inneren Figuren an.

Märchenfiguren stoßen dich auf unbewusste Prozesse, Instinkte und Denkmuster. Und diese müssen nicht so bleiben, wie sie sind, sondern sie können sich verändern. Plötzlich hast du dein eigenes Märchen entworfen, in dem du deine innere Auseinandersetzung an deine Archetypen delegierst. Sie können dir neue Lösungen aus dem Reich des Alles-ist-möglich übermitteln – wie praktisch.

In Märchen und ihrer modernen Form, der Heldenreise, kannst du deinen inneren Figuren beim Wachsen zusehen. Damit sie nicht wild wuchern, entwirfst du eine bewährte Märchenerzähler-Route für sie. Denn der Held soll ja weder größenwahnsinnig werden noch im ersten Kampf mit seinem Widersacher gleich die Flinte ins Korn werfen. Auch die Hexe soll Hänsel und Gretel nicht im Ofen rösten, sondern ihrer Bösartigkeit kann ein Riegel vorgeschoben werden. Die Route hört sich recht unspektakulär an, kann aber sehr wirksam sein. In der Regel beginnt ein Märchen damit, dass ein vermeintlich gewöhnlicher Mensch plötzlich eine Aufgabe gestellt bekommt, die für ihn kaum zu bewältigen scheint. So zweifelt, ringt und kämpft er mit sich, bevor er wirklich loszieht. Entscheidet er sich dann schließlich, seinem Ruf zu folgen, erhält er Rückenwind. In besonders schwierigen Situationen werden ihm auch Helfer zur Seite gestellt. Am Ende, wenn er die Aufgabe gelöst hat, wird er zum Helden. Die Reise selbst hat ihn verwandelt. So wie die Archetypen bestimmte Qualitäten des Menschen symbolisieren, so repräsentiert die Heldenreise das Leben selbst. Bewusstsein und Unterbewusstsein korrespondieren über Bilder, Gefühle und Gedanken miteinander. Auch innere Konflikte oder Probleme kannst du dabei durch den Zauberwald navigieren, um der Lösung oder Erlösung möglichst nahezukommen.

Wenn du dich auf diese Form des symbolhaften Erzählens einlässt, kannst du den Lockruf deiner authentischen Stimme vernehmen. Am Beginn deines Märchens bist du vielleicht eine Figur, die ihrem Ruf folgt und sich dafür ihren inneren Ängsten und äußeren Feinden stellen muss. Sie bleibt standhaft und ihrer Mission treu, ohne zu wissen, ob sich ihre Anstrengungen auszahlen werden. Aber sie hält durch und lässt den Helden in sich auferstehen. So wächst deine Figur über sich hinaus, eine Metamorphose ohne Risiko.

Magische Symbole und Bilder bilden eine Schutzatmosphäre über deiner inneren Welt, in der sich deine Gefühle als Figuren frei bewegen können. Du kannst sie beauftragen, sich auf die Suche nach einem versteckten Gefühl oder Gedanken in dir zu begeben. Wenn dich etwas im Leben gerade umwirft, autorisierst du deine Figuren, dich wieder aufzurichten oder einen Heiltrank für dich zu finden. Fühlst du dich allein oder trostlos, lass eine gute Fee deine Seele wärmen oder kleine Trolle dich aufmuntern. Der Märchenerzähler ist nicht nur ein Entertainer, er kann mit seiner magischen Schreibfeder deine Seele in Gestalten verwandeln, die dem Ruf deiner authentischen Stimme folgen – sogar bis in dein Leben hinein. Daher kommt in dieser Schreibform das Rewriting-Prinzip des Reframings besonders zur Anwendung, weil es umschreibt und neu schreibt.

Übung

Insight Märchen: Tumleh, der garstige Troll

Das folgende Märchen von Bernd ist ein Beispiel dafür, wie man seinen Gefühlen einen neuen Rahmen geben kann. Seine Mutter Dieta hat sich nach dem Tod seines Vaters einen neuen Partner gesucht: Helmut. Helmut ist in Bernds Augen ein Griesgram, der alles schwarzsieht und schöne Momente mit seiner Bitterkeit vergiftet, doch um seine Mutter zu sehen, muss Bernd Helmut ertragen. Einmal, als seine Geduld auf eine besonders harte Probe gestellt wird, verlagert er seinen inneren Konflikt in ein Märchen, verbannt Helmut in diese Welt und nimmt den daraus gewonnenen Frieden mit, um aus Liebe zu Dieta nicht im Streit auseinanderzugehen.

Tumleh (Helmut rückwärts geschrieben) war ein garstiger kleiner Troll, bekannt als gemeiner, böswilliger Waldbewohner. Seine Nachbarn im Wald quälte er mit teuflisch schlechter Musik, die er allzu oft laut aufdrehte. Wenn ihm langweilig war, und das war es ihm sehr oft, stellte er Fallen auf und amüsierte sich darüber, wie seine Opfer sich bis zur Erschöpfung bemühten, sich aus den Fallen zu befreien.
Nun stand wieder einmal das alljährliche Fest der Trolle an. Tumleh wurde nie eingeladen, denn die anderen Trolle mochten ihn nicht. Trotzdem erschien er jedes Jahr zum großen Festessen. Dieses Jahr war es ein besonderes Fest: Es war jetzt

fünfzig Jahre her, dass sich die Trolle mit den Elfen friedlich über die Nutzung des Waldes geeinigt hatten. Daher waren auch alle Elfen zum Fest eingeladen. Tumleh gefiel das gar nicht, er hasste die Elfen. In seinen Augen hatten sie ein viel zu großes Herz, er hielt sie für heuchlerisch.

Vor dem Fest ließ sich Tumleh eine ganze Woche nicht im Wald blicken. Seine Nachbarn wunderten sich über die Ruhe und fragten sich, ob er etwa altersmilde geworden sei. Wie sehr sie sich irrten! Aus dem Schornstein seiner Hütte stieg seit Tagen unaufhörlich Rauch. Aber er wollte nicht etwa zum Festessen beitragen, nein! Er braute einen giftigen Trank, der alle, die davon kosteten, kurze Zeit später in einen krampfenden Fieberwahn verfallen lassen würde.

Als der große Tag gekommen war, machte Tumleh sich auf den Weg zum Fest. Er musste ein Stück durch den dichten Nebelwald, der Mond leuchtete seinen Weg nur schwach aus. Er hatte nur noch wenige Meter zu gehen, da stellte sich ihm eine Elfe in den Weg.

»Welche Freude, dass du an unserem Fest teilnehmen wirst. Darf ich dir beim Tragen deines Kessels helfen?«

Dieta, die zart leuchtende Elfe, kannte Tumleh nicht, war sie doch erst vor wenigen Wochen in diesen Wald gekommen.

»Schleich dich und lass mich in Ruhe.«

Dieta, die so raue Töne bisher nie gehört hatte, fragte: »Ist es die schwere Last auf deinen Schultern, die dich so ächzen lässt?«

»Das geht dich gar nichts an. Ihr Elfen solltet euch um euren Kram kümmern, euer Altruismus kotzt mich an.«

»Wenn dir das Wohl der Gäste gleichgültig ist, warum möchtest du dann etwas zum Fest beitragen? Du scheinst mehr Liebe in dir zu haben, als du zugeben möchtest.«

»Liebe gibt es nicht, was soll das sein? Du wirst es mir nicht erklären können.«

»Liebe ist das größte Gut, sie ist eine übermächtige Begeisterung, niemals zurückhaltend und besonnen, ganz Verschwendung. Sie ist ein wundersames Wissen, allem anderen Vorwitz überlegen: Alle Kenntnis ist nur ein Abgeleitetes von ihr, eine Anzahlung. In der Liebe ist der Einzelne nicht länger sein eigener alberner Lehrmeister. Er ist eingehüllt in die Ehrfurcht vor der Wirklichkeit und mischt sie mit dem, was wahrhaft gut ist. Er lauscht auf alle Weissagungen der Natur mit zitternder Luft. Und wenn wir aufrichtig miteinander sprechen – wer ist da der Unglückliche? Doch nur, wer die Liebe nicht hat.«

»Wenn dem so ist, dann lass uns darauf anstoßen.« Tumleh setzte den Kessel ab, holte eine Kelle aus seiner Tasche und füllte sie mit einem großen Schluck aus seinem Kessel.

Dieta nahm sie, ohne zu zögern, und trank. Dann verspürte sie den großen Drang, Tumleh zu umarmen. Sie schwebte mit ausgebreiteten Flügeln zu ihm hinunter und drückte ihn, so fest sie konnte. Tumleh, der noch nie eine Umarmung bekommen hatte, erstarrte völlig überrascht. War es ihre Atemluft, die ihm sein gebrautes Gift in seine Adern trieb, sodass er krampfte und sich nicht bewegen konnte? Ein ihm unbekanntes Gefühl breitete sich in seinem Körper aus. Er konnte sich nicht dagegen wehren, als sein Fuß wie ferngesteuert den Kessel umstieß und sein Gebräu sich über den Waldboden ergoss.

Dieta ließ von ihm ab und entschwand in Richtung Fest. Tumleh war wie in Trance, als der Boden plötzlich mit zauberschön duftenden Blüten überzogen war. Nach einer Weile machte er sich auf den Weg und feierte die ganze Nacht mit den Trollen und den Elfen.

Übung

Warm-up: Märchen

Nimm dir an deinen Schreibplatz einen kleinen Gegenstand mit, den du selbst dort nicht erwarten würdest. Streune durch dein Zimmer oder durch die Welt, und vielleicht findest du ein Stofftier aus alten Zeiten, ein kleines Kästchen oder ein Bild von dir, als du dich mal zu Karneval verkleidet hast? Was auch immer es ist, es soll dich beim Schreiben daran erinnern, dass jede Erwartung gebrochen werden darf und soll. Die Magie führt Regie, und du bist an der Erzählreihe. Wenn du bereits mit dem Verfassen von Märchen herumexperimentiert hast oder darauf neugierig geworden bist, kannst du dich zunächst mit deinen inneren Figuren vertraut machen. Du wirst sie nun auf eine zauberhafte Reise schicken, sicher geleitet von deiner Schreibfeder. Lass nun die letzte Zeit Revue passieren. Gibt es gerade einen Konflikt in dir oder eine Aufgabe, die dich verunsichert oder umtreibt? Tobt in dir ein Kampf zwischen Gut und Böse? Gibt es ein vorherrschendes Gefühl, welches dich ängstigt oder aufwühlt und das du eher vermeiden möchtest? Im Plot dieses Märchens geht es nicht so sehr um äußere Umstände und Gestalten. Die Dynamik entsteht über die Interaktion deiner inneren Helden, Helfer und Halunken. Du kannst über sie wahrnehmen, welche Heldenreisen tagtäglich in dir stattfinden. Welche Aufgabe will dein Held meistern und welche Wandlung durchmachen? Überlege dir, wohin du deinen Helden schicken willst. Von wo aus bricht er auf, und wo will er hin? Was bewegt ihn dazu, nicht gemütlich auf der Coach zu lümmeln, sondern sich der Herausforderung zu stellen? Wie kann er sich motivieren, für seine, sprich deine Mission zu kämpfen? Du kannst dir auch überraschende Wendungen überlegen: Wie wäre es, wenn dein Held seine Widersacher nicht besiegen, sondern für sich gewinnen würde? Das Motiv deines Märchens, die Grundstimmung und die Reise hast du grob skizziert. Alle Details musst du auch nicht durchplanen, die Rest erkunden deine Botschafter für dich aus. Sie bringen deine Idee zum Laufen.

Delegiere daher die Aufgabe, um die es geht, an deine Figuren, lass sie durch den Konflikt gehen und navigiere sie sicher durch die Abgründe eines Märchens. Dafür brauchst du eine kleine Märchentruppe und einen schillernden Helden.

Überlege dir daher im zweiten Schritt, wie der Held in dir konkret aussehen könnte. Welche Stärken zeichnen ihn aus? Wie tritt er auf? Ist sein Blick weich oder bestimmt? Beschreibe ihn so detailliert wie möglich, damit er dreidimensional vor dir stehst. Im Laufe des Märchens wirst du ihn herausfordern, damit er über sich selbst hinauswachsen kann.

Welche Helfer schenkst du dem Helden in dir? Sind es Zauberwesen wie Trolle, Feen und Fabeltiere, die mit besonderen Fähigkeiten ausgestattet sind? Sind sie beeindruckend groß oder nur mit der Lupe zu erkennen? Welche deiner eigenen Qualitäten vertreten diese Gestalten?

Auch für diese Beschreibung gilt: Lass sie so plastisch wie möglich in dir werden.

Für eine spannende Heldenreise brauchst du auch Widersacher. Welche Stimmen in dir blockieren dich manchmal? Was sagen sie zu dir, um dich zu entmutigen oder zu verängstigen? Welcher innere Schweinehund grunzt dich an? Hauch auch ihnen Leben ein, indem du ambivalente Figuren daraus bastelst. Du kannst auch auf klassische Märchenfiguren zurückgreifen, die mit ihren Schattenseiten hausieren gehen wie beispielsweise die böse Stiefmutter.

Sobald du deine kleine Märchentruppe zusammengestellt hast, kannst du entweder den Stift zur Seite legen und ein nächstes Schreibdate mit dir vereinbaren, oder du gönnst dir nur eine kurze Pause und sendest deine Stellvertreter dann in dein Märchen aus. Sie stehen mittlerweile vor dir und sind gespannt, welche Aufgabe auf sie wartet. Letztlich spielen sie für dich: Sie offenbaren dir deine Qualitäten und Blockaden und rufen dir aus dem Reich der Magie neue Ideen zu, die du in deinem Leben ausprobieren kannst. Je verrückter, desto besser, denn lässt du den Glauben an das Zauberhafte nicht sterben, lebt er glücklich in dir weiter.

Der Dramatiker

Der Dramatiker ist ein scharfzüngiger Schreibgenosse mit Sinn für Pathos und Aufregung. In der Schreiblokomotive koloriert er die vorbeiziehenden Seelenbilder kräftig und farbintensiv. Die großen Themen interessieren ihn mehr als das Beiläufige, die pure Essenz bringt sein Genie in Wallung. Aus seinen Beobachtungen kristallisiert er das Wesentliche heraus. Besser als jedes episch lange Wortmenü schmeckt ihm die konzentrierte Essenz des Lebens.

Der Dramatiker fühlt sich am wohlsten auf der großen Bühne, die die Welt für ihn bedeutet – wenn auch in einer stilisierten Form. Er liebt es dramatisch, egal ob mit einem Happy End oder einer Katastrophe vom Feinsten. Gefühle werden bei ihm wie Messer geschärft, es darf gewimmert, gefiebert, geschluchzt oder gehasst werden. Wer lustvoll leiden und leidenschaftlich lieben will, fühlt sich im Drama mit seinen hochkarätigen Seelenzuständen in bester Gesellschaft. Kein Wunder, dass uns das Drama in den Erzählgenen liegt, sprich, mit einer jahrtausendealten Tradition aufwarten kann. Sophokles, Aischylos, Aristophanes, Shakespeare, Goethe, Schiller oder Brecht – die Prominenten dieser Textform haben das Drama von der Antike an immer wieder neu bestimmt, verändert und interpretiert. Theorien wurden über sie entworfen, Diskurse wurden geführt und neue Richtungen eingeschlagen; nur geschwiegen wurde nicht darüber – bis heute. Aber das ist eine Geschichte in der Geschichte und dient nicht dem Erlebnis, den Dramatiker in dir auf die Bühne zu bitten.

Wenn dich etwas sehr stark aufwühlt, kann dieser Dramatiker besonders gut performen. Das lodernde Gefühl zieht ihn magnetisch an, weil es sich wie eine Lawine durch das Stück wälzt. Doch starke Gefühle faszinieren nicht nur, sie sind auch gefährlich. Nicht umsonst spricht man von rasender Wut, kaltem Hass oder verzehrender Leidenschaft. Solche Erregungszustände können einen buchstäblich in den Wahnsinn treiben, wenn sie kein Ventil finden. Der griechische Philosoph Aristoteles war einer der Ersten, die ebenjenes Potenzial des Dramas erkannten und benannten. Er sprach von einer reinigenden Kraft, die der Zuschauer erlebe, wenn große Gefühle und Themen auf der Bühne ausagiert und aufgelöst würden. Indem der Zuschauer Gefühle wie Jammer und Schrecken mit durchlebe, werde seine Seele von ihnen gereinigt, er beruhige sich und finde seinen Seelenfrieden wieder. Diesen Effekt bezeichnete er als Katharsis. Eine kathartische Wirkung kannst du auch erzeugen, indem du mithilfe deiner Figuren in mehrere Rollen schlüpfst und gleichzeitig als Dramatiker diese in eine Katastrophe oder Komödie dirigierst. Anschließend genießt du deine Aufführung und lässt den Sturm in dir abklingen.

In einer Hinsicht unterscheidet sich das Theater ganz besonders von den übrigen Erzählformen: Es gibt keinen Erzähler, sondern hier tragen die Figuren über ihre Monologe und Dialoge die Geschichte. Einzig kleine Regieanweisungen helfen ihnen, ihre Rolle auszufüllen. Da der Dramatiker ihnen das sichere Netz eines Erzählers vorenthält, sind die Figuren ihren starken Gefühlen unmittelbar ausgeliefert. Der Dramatiker schont nicht, denn er ist stets auf der Suche nach Gänsehaut.

Wenn du gerade rauschhafte Höhenflüge erlebst oder Bauchlandungen erleidest, nutze die Form eines Theaterstücks, um über dich zu schreiben. Das Drama ist wie geschaffen dafür, solche mit starken Emotionen verbundene Ereignisse in Szene zu setzen. So kannst du deine Figuren auf der Bühne exponieren, sie live ihrem Schicksal ausliefern und sie dennoch leidenschaftlich weiterspielen lassen – bis der Vorhang fällt.

Das Chaos zerzaust Gesichter und Frisuren, deine Wut zerstört das Bühnenbild, oder deine Leidenschaft vibriert auf der Bühne. Wie oft verändert sich mit einem Wimpernschlag die ganze Situation? Pläne und Erwartungen werden durchkreuzt und die Figuren scheinen den Umständen ausgeliefert. Die Emotionen schlagen im Herzen Alarm.

Das Drama kann dir helfen, deine Gefühle auf einer Bühne außerhalb deiner selbst zu verhandeln, damit dein Herz nicht implodiert. Um solche Gefühle aber nicht unkontrolliert auf die Bühne zu entlassen und dabei mehr Schaden anzurichten, als zu nutzen, gibt es eine Theorie, wie die Handlung kunstvoll aufgebaut werden kann – diesmal von dem antiken Dichter Horaz. In nicht mehr als fünf Akten lässt du deine Akteure durch ein Feuerwerk der Gefühle gehen, um sie im letzten Akt zu erlösen. Im ersten Akt geht der Vorhang auf, die Figuren betreten die Bühne, und man erfährt, worum es in dem Drama gehen wird. In der Dramentheorie wird dieses Setup als Exposition bezeichnet. Im zweiten Akt gewinnt die Story an Fahrt. Die Figuren sitzen in der Achterbahn der Gefühle und bewegen sich auf den Loop zu, sprich, die Handlung samt den Emotionen spitzt sich zu. Daher nennt sich diese Phase auch steigende Handlung mit erregendem Moment oder die Komplikation. Nach dem Zündeln passiert, was passieren muss, es folgt die Explosion. Als Peripetie wird die schicksalhafte Wendung beschrieben, die als Bestandteil des dritten Aktes darüber entscheidet, ob sich die Figuren in einer Komödie befinden oder auf eine Tragödie zusteuern. Zusammenfassend findet sich im dritten Akt Höhepunkt und Peripetie. Im vierten Akt fällt die Erregungskurve, das Ende scheint gewiss, wird jedoch ein wenig hinausgezögert. Die Nerven dürfen noch gekitzelt werden. In der Komödie wird der erwartete glückliche Ausgang infrage gestellt, in der Tragödie das Unglück. Alles scheint doch noch möglich, ist es nur nicht. Daher wird der vierte Akt auch als fallende Handlung mit retardierendem Moment bezeichnet. Mit der sogenannten Lösung oder Katastrophe ist das Schicksal besiegelt, kein Zucken oder Murren hilft mehr. Das Motto im fünften Akt lautet *rien ne va plus*.

Was wird in einem Drama gelitten und frohlockt! Oft sind es die auf den ersten Blick kleinen Auslöser, die einen inneren und äußeren Orkan auslösen. Dabei liefert das Leben die besten Geschichten. Wenn deine Gefühle überschäumen, ist es hilfreich, zum Dramatiker zu werden. Alles, was dich ärgert, quält oder stark berührt, kannst du in Akte auseinanderdröseln und mithilfe prägnanter Dialoge oder Monologe beleben. Die Struktur eines Dramas kann dir Orientierung geben. Gefällt dir der Aufbau des klassischen Dramas nicht, hast du natürlich jede Freiheit, ihn nach deinem Belieben zu verändern. Doch manchmal hilft so ein fester Rahmen, um nachzuvollziehen, was die Erschütterung in dir ausgelöst hat, die du im Höhepunkt ausschlachtest. Deine Wahrnehmung wird geschärft, und du erkennst, inwiefern deine Umwelt die Finger im Spiel hatte und welche Rolle du selbst dabei eingenommen hast. Wenn du möchtest, kannst du dein Stück in einen komödiantischen Kontext setzen; du kannst es aber auch in der Katastrophe enden lassen. Spiele mit dem, was dir das Leben oder Einzelne mitgeben, aber mach dein eigenes Lehrstück daraus. Am

Ende kannst du dein Drama im letzten Akt verabschieden, erschöpft und dennoch im Frieden.

Wortwörtlich schöpfst du im Drama aus deinen Emotionen, um zum Schöpfer deines Lebens zu werden. Wählst du diese Form, kannst du deiner Expressionslust daher jede Menge Zündstoff liefern und ihr freien Lauf lassen. Das Rewriting-Prinzip »Glaubenssätzen auf der Spur« wirkt beim Drama besonders stark, weil du erst einmal alles ungefiltert aus dir herauslässt, ohne es gleich umzuformen. Du nutzt deine Ausgangslage, um erst später zu erkennen, welche Bedürfnisse in dir nicht berücksichtigt wurden oder ob du falschen Annahmen über dich und die Welt aufgesessen bist. Mit diesen inneren Kräften kannst du spielen, weil du einen Rahmen findest, in dem sie nicht über dich herfallen können Das Gewirr deiner inneren Stimmen beschwörst du so herauf, um ihre Energie zu nutzen und zu kanalisieren, egal ob positiv oder negativ. Gerade weil du deinen inneren Sturm ausdrückst, kannst du ihn leichter besänftigen.

Übung

Warm-up: Drama

Im Drama ist vieles erlaubt, vor allem die Übertreibung. Nur so kann das unbestimmte Gefühl aus dem Dickicht des Sollens und Müssens herausgezogen werden. Wenn du Lust bekommen hast, bereite dich auf deine Schreibrolle vor – jetzt hat der Dramatiker in dir den großen Auftritt. Lass dich nicht einschüchtern von großen Vorbildern. Stimm dich ein, indem du dir an deinen Schreibplatz etwas holst, was deine Sinne stimuliert. Du kannst dir einen besonders herben oder süßen Tee aufbrühen, einen starken Kaffee kochen oder ein schweres Parfum auflegen. Oder du riechst an einer Kaffeebohne oder einer Zimtstange. Was auch immer dir einfällt, jetzt kannst du dir erlauben, Achterbahn zu fahren – Hauptsache intensiv. Im Drama treffen äußere Faktoren auf innere Zustände: Das Schicksal stößt in Form von Personen oder Ereignissen von außen auf deine innere Welt. Mal fühlt sich das an wie ein gefährlicher Komet und mal wie ein Sternschnuppenregen. Vielleicht hat dir kürzlich jemand im Straßenverkehr die Vorfahrt genommen, oder du wurdest an der Supermarktkasse angerempelt – der Anlass für ein großes Gefühl muss selbst nicht groß sein. Lass deinen Gedanken und Gefühlen freien Lauf und überlege dir, welches Erlebnis du gern in Akte zerlegen möchtest, um dir und deinen Gefühlen mehr Raum zu geben. Erfinde frei heraus, solange dein Gefühl so authentisch wie möglich wiedergegeben wird. Das Adrenalin darf in deine Schreibglieder fahren. Neben deinen Figuren, die du auf die Bühne bitten wirst, kannst du als Dramatiker auch kleine Regieanweisungen oder Beschreibungen aus dem Off beisteuern. Überlege dir, wo deine Figuren auftreten sollen. Wie willst du dein Drama langsam zum Höhepunkt hin steigern? An welcher Stelle bist du im realen Leben ins positive oder negative Gefühl gekippt? Du wirst auf diese Weise aufschlussreiche Dialoge verfassen können, die dich dein Erlebnis nicht nur klar fühlen, sondern auch wahrnehmen lassen. Hämmere leidenschaftlich in die Tastatur oder fülle energisch das weiße Blatt vor dir. Lass dich von Nebensächlichkeiten nicht irritieren, sondern nähere dich entschlossen deinem Ziel: deine Emotionen in Szene zu setzen. Du kannst sofort ein ganzes Stück verfassen oder einzelne Akte zu einem anderen Zeitpunkt fortsetzen. Sobald der Vorhang in deinem Drama gefallen ist, werden deine Gefühle gemäßigter sein. Womöglich sind sie dir dankbar, dass du ihnen ein festliches Denkmal aus Worten geschaffen hast.

Der Freestyler

Der Freestyler ist der Hippie in der Schreiblokomotive. Wild, unberechenbar und mutig prescht er durch seine eigenen Landschaften, und alles ist ihm neu und fremd. Konventionen und Regeln interessieren ihn weit weniger als das, was er fühlt, erlebt und was ihn bewegt. Das Schreib-Establishment ist ihm verhasst, es zählt nur, was in ihm eine bunte Flut an Bildern und Gefühlen auslöst. Aus dem Schreib-Knigge bastelt er bunte Hüte, er ist Narr und Weiser zugleich, weil er aus sich herausfließen lässt, was andere lieber kontrollieren wollen. Seine eigene Natur ist dem Freestyler wichtiger als die fremde Kultur. Er beschreitet neue Wege, weil ihn die alten nicht interessieren. Dabei lässt er sich gern von schon existierenden Schreibformen inspirieren, nur eben nicht einschüchtern. Während die etwas reservierteren Schreibgemüter Fremdes und Eigenes beobachten, verwerten und daraus Neues schaffen, galoppiert er los, sich seiner inneren Autorität gewiss. Übers Erfinden findet er zu sich und zu seinem edelsten Rohstoff: seiner empfindsamen Seele. Nach außen ist der Freestyler ein Rebell, seine Weisheiten sind klar, rau und ungeschliffen. Es ist ein Spiel mit Gedanken und Gefühlen, und doch geht es um viel mehr: darum, sich selbst frei auszudrücken. Sein Bauchgefühl ist sein Seismograf, selbst kleinste Erschütterungen nimmt er wahr, ohne sich in ein Versteck zu flüchten. Er inspiriert und lässt sich inspirieren und vor allem überraschen. In ihm fließt alles vorwärts, weswegen er auch zur Avantgarde zählt. Das kreative Chaos in ihm ist eine Energie, die zu originellen Einfällen führt, weil sie Neues entstehen lässt und Unbrauchbares zerstört.

Der Freestyler ist ein sehr mutiger Schreibtypus; er ist auf sich bezogen und steht gleichzeitig mit der Welt in Verbindung. Selbstbewusst tanzt er aus der Reihe, um einen Kreis zu bilden, wo Anfang und Ende in ihm eins werden. Solche Vorschreiber braucht die Welt, weil sie erst einmal fragen und die Dinge damit hinterfragen. Dabei sind sie nicht allein, weil vor und nach ihnen Menschen lebten und leben werden, die ebenfalls immer wieder zu neuen Erzählufern und Lebensweisen aufbrechen. Mit der Zeit werden diese Neuentdeckungen von anderen Schreibdisziplinen adoptiert und anverwandelt. Und genau darin liegt der Charme dieses bunten Vogels, denn seine Federn schmücken viele Erzähltraditionen, die auch erst einmal erfunden werden mussten, bevor sie sich auf dem Erzählolymp etablieren konnten. Ein Lob auf die Enfants terribles der Literatur, von denen es jede Menge gibt.

Die Dadaisten beispielsweise zählten zu den Freestylern Anfang des 20. Jahrhunderts. Sie trieben wilde Streiche mit der Sprache, verfassten lautmalerische, scheinbar sinnlose Gedichte und unzusammenhängende Wortfetzen. Es entstanden Geschichten aus dem zufallsorientierten Collageprinzip, wo Sätze wie Puzzles aneinandergereiht werden und nebenbei aus Unsinn Sinn geboren wird. Die Bewegung stand für die Irrationalität des Gefühls und provozierte damit das kleinkarierte Bürgertum mit seinen festen Regeln und Prinzipien. In den Dadaisten fand ein evolutionärer Prozess statt, an dessen Ende sie Liebe, Freiheit und Lebensfreude für die Menschheit reklamieren wollten. Das gediegene, kulturell feinnervige Publikum fühlte sich oft provoziert von der dadaistischen Bloßstellung ihrer heiligen Werte. Die avantgardistische Truppe nahm alles aufs Korn, was in ihren Augen reformiert werden musste, auch traditionelle Erzählformen wurden dafür augenzwinkernd pervertiert. Doch schon immer haben sich viele Künstler, auch Lebenskünstler, zwischen dem Spannungsfeld von Tradition, Rebellion und Vision bewegt. Stets mussten sie sich ihre Freiheiten erkämpfen, wenn auch nicht immer so anarchistisch wie die Dadaisten. Der irische Schriftsteller James Joyce etwa stellte in seinem Buch *Ulysses* – einem Klassiker der Moderne – die herkömmlichen Erzählformen auf den Kopf. Und womit provozierte der zurückgezogene, eigenwillige Ire die Leser? Er experimentierte mit freien Assoziationsketten, fragmentarischen Sätzen und ungefilterten Monologen. Zentral für sein Werk ist der *stream of consciousness*, der Bewusstseinsstrom, der das Innenleben einer Person frei fließend zum Ausdruck bringt, ohne es in das Korsett bestimmter Erzählkonzepte hineinzuzwängen – ziemlich revolutionär damals.

Das sind nur einige wenige Beispiele, die dir das Prinzip veranschaulichen können, wie du als Freestyler deine eigene Schreibwelt auf den Kopf stellen kannst. Die Veränderung deiner Schreibweise muss aber niemanden provozieren, und du musst auch nicht zum Enfant terrible werden, um dich im freien Assoziieren zu entfalten. Es geht nur darum, aus dir selbst heraus zu schöpfen und die Idee und das Ideal von dir auszublenden. In der Freestyle-Manier kannst du frei interpretieren, wer oder was ein Gedicht ist, du kannst die Form der Kurzgeschichte entkrampfen, gänzlich neue Schreibideen entwickeln oder dich als Dramatiker über alles hinwegsetzen, was deine authentische Schreibstimme blockiert. Denn die Methoden des freien Assoziierens und intuitiven Schreibens nutzen die Synergien unterschiedlicher Textsorten. Diese Form wähle ich daher besonders gern, wenn ich erste Ideen für Geschichten entwickeln möchte, weil sie mich weder einengt noch diszipliniert. Auch wenn ich gerade eine Schreibblockade habe oder beim Schreiben gehemmt bin, lockert der Freestyle-Modus meine Synapsen, macht mich beweglich und treibt mich voran. Und wenn der Zugang zu mir zugeschüttet ist vor lauter Wenn und Aber, lasse ich mich auf einen Bewusstseinsstrom ein und schreibe ohne Unterbrechung, bis mein Wortschwall den Zugang zu mir wieder freigeräumt hat. Da es nicht wichtig ist, wie und was du schreibst, minimierst du den Schreib- und Erwartungsdruck. Die anschließende Übung wird dir dabei helfen, in ebenjene frei fließende Schreiberfahrung zu kommen.

Mit dem weisen Narren an deiner Seite wirst du weniger um deinen guten Ruf fürchten als mehr dem Ruf deiner Stimme folgen. Du schärfst deine Intuition und lernst, dich immer stärker auf deine Impulse zu verlassen, die dich in Bewegung halten. Der Freestyler ist daher der perfekte Buddy, um ins Schreiben zu kommen, und ein noch viel besserer Berater, wenn es darum geht, das Schreiben mit dem Sein in Einklang zu bringen. Er wird dich vorwärtstreiben, damit du deinen Bedürfnissen und Zielen gerecht wirst.

Und keine Sorge, es geht nicht darum, eine multiperspektivische Nabelschau zu betreiben, sondern darum, mit unterschiedlichen Stilen zu experimentieren. So wie deine Gefühle sich verändern und deine Gedanken sich mit jedem Atemzug neu zusammensetzen, erlaubst du dir, eine Schreibform zu entwickeln, in die dein Ich perfekt hineinpasst. Diesen Zustand kannst du erreichen, indem du ihn nicht willentlich anstrebst. Die Dadaisten riefen schlicht zum Spielen, Hinterfragen und zu kreativer Schaffensfreude auf, sie beabsichtigen nicht, in die Annalen einzugehen. Erst im Nachhinein wurden sie als Pioniere eines erweiterten Literaturverständnisses gefeiert.

Wenn auch du dich ganz dem Erfinden hingeben möchtest, lass dich tragen von dem Moment, der von dir neu entdeckt und bewertet werden will. Denn was gibt es Spannenderes, als deine Präsenz in allem zu spüren, was dir begegnet. Der Freestylor entspricht mit seiner Schreibweise stark dem Rewriting-Prinzip des »großen Loslassens«. In diesem Sinne lass die Schreiblokomotive entgleisen und schreib weiter, wohin auch immer dich die Buchstaben führen wollen.

Übung

Warm-up Freestyle: Der Stein schlägt Wellen

Bevor du mit dem Schreiben beginnst, stimme dich ein, indem du deine Lieblingsmusik laut aufdrehst und durch dein Zimmer oder deine Wohnung tanzt. Blicke nicht in den Spiegel, um deinen Tanzstil zu überprüfen, sondern lass deine Gefühle unbeschwert in die Glieder fahren. Summe, pfeife oder trällere unbekümmert vor dich hin. Wenn du dich ausgetobt hast, setz dich an deinen Schreibort.

Bei der folgenden Übung geht es darum, deiner inneren Melodie zu folgen und deine Gedanken und Empfindungen in einem Bewusstseinsstrom aufs Papier zu bringen. Ich werde dir einige Begriffe anbieten, mit denen jeder etwas anderes verbindet. Versuche, diese Begriffe in dein Inneres fallen zu lassen wie einen Stein ins Wasser, und beschreibe die konzentrischen Kreise, die sich gedanklich und emotional um sie in dir bilden. Diese Methode des Bewusstseinsstroms wird auch Mind-Mapping genannt. Um einen zentralen Begriff werden unzensiert Assoziationen notiert. Der Begriff oder der Satz, der in der Mitte steht, erzeugt in dir wie der Stein im Wasser Wellen, die sich von ihm/dir entfernen, nicht linear, sondern in Kreisen. Die Assoziationen, die dir zu diesem Begriff einfallen, können zu einem weiteren Stein werden, der wiederum neue Wellen auslöst, während er in dein Bewusstsein hineinsickert.

Als Freestyler folgst du mithilfe dieser Methode deinem Bewusstseinsstrom, indem du frei assoziierst und dich am Spiel berauschst. Wenn du bereit bist, nimm den ersten Stein, den ich »Vertrauen« nenne, und fang an, darüber zu schreiben. Und zwar alles, was dir spontan dazu einfällt. Beginne ein Gespräch mit deinem Bauchgefühl und befrage es nach seiner Vorstellung von Vertrauen. Zeichne Kreise um jeden neuen Gedanken, der dir dazu einfällt, und wenn von ihm eine neue Welle ausgeht, umkreise auch diese. Im Brainstorming gibst du alle Vorstellungen auf und zapfst deine innere Quelle an. Gib dir für diese Übung zehn Minuten ohne Unterbrechung. Wenn du stockst, können dir folgende Fragen weiterhelfen: Was löst das Wort Vertrauen in mir aus? Welche Ereignisse, Themen und Menschen verbinde ich damit? Gibt es eine Farbe oder eine Musik, die für mich Vertrauen verkörpert? Oder eine Märchenfigur? Vielleicht einen bestimmten Duft, der mir hilft zu vertrauen? Ob du lange oder kurze Sätze formulierst, ist vollkommen gleichgültig. Wenn dir danach ist, brich Sätze ab oder forme neue Begriffe. Verleihe dem Rauschen in dir Ausdruck. Wenn die Zeit um ist, beende das Experiment, ohne eine Korrektur vorzunehmen. Womöglich schält sich, wenn du zu einem späteren Zeitpunkt darauf blickst, eine für dich relevante Erkenntnis oder Antwort heraus, die zu dir kommt, ohne dass du sie gesucht hättest.

Solltest du weiter brainstormen wollen, pausiere erst einmal kurz, um wieder aufnahmefähig zu sein. Hör Musik, tanze oder entspanne. Erst dann setze zu einer weiteren zehnminütigen Improvisation an. Diesmal lass den Satz »Absichtlich schreibe ich absichtslos« in dich hineinfallen. Was löst er in dir aus? Was gefällt oder missfällt dir daran? Stell dir deine eigenen

Fragen, auch auf dem Papier, und beobachte den Wellengang deines inneren Gedankenflusses. Setz den Stift nicht ab oder hör nicht auf zu tippen. Forme Kreise um deine Assoziationen, die frei aus dir herausfließen dürfen. Schenk dir nach zehn Minuten wieder eine Unterbrechung. Zu einem späteren Zeitpunkt wirst du deinen Text betrachten und dich selbst vielleicht mit ein paar Gedankenperlen überraschen, wer weiß.

Du kannst diese Methode selbst fortsetzen, mit immer neuen Gedanken und Gefühlen, die du ins Zentrum setzt, um viele weitere Zentren zu entdecken. Wenn du durch diese Methode auf neue Ideen kommst, kannst du diese verwerten und Texte daraus zimmern.

Übung

Warm-up Freestyle: Das Collage-Prinzip

Eine weitere Methode des Freestylers ist die Collage. Aus einzelnen Worten, Zeitungsschnipseln, Buchausschnitten, Kopien, Bildern und vielem anderen kannst du dir ein Schreib-Kaleidoskop basteln. Dafür fügst du unterschiedliche Texte und Bilder zusammen, die sich in Stil, Tonalität oder Genre mitunter stark unterscheiden. Du kannst mit folgender Idee starten: Sammle eine Zeit lang alles, was du zu einem bestimmten Thema, zum Beispiel dem Thema »Erfindung«, in den Bereichen Werbung, Fotografie, Musik, Malerei oder Design findest. Vielleicht stößt du auf Twitter-Zitate, Zeitungsartikel oder einen genialen Erfinder, der dir ganz besonders gefällt? Lass dir Zeit mit dem Projekt, während du wachsam durch deinen Alltag spazierst.

Wenn du meinst, ausreichend Material gesammelt und sortiert zu haben, nimm dir eine Leinwand, ein großes Stück festen Karton, Schere und Kleber oder scanne alles in deinen PC ein, um jetzt aus den einzelnen Puzzleteilen ein Bild zusammenzusetzen, das deinen eigenen Erfindergeist visualisiert. Das Bild kann sich zu einer inneren Vision festigen und dich darin bestärken, dass Ideen umgesetzt werden können.

Übung

Warm-up Freestyle: Das Cut-up

Eine Variation des Collage-Prinzips ist das Cut-up, das besonders bei Schreibrevoluzzern – zum Beispiel William S. Burroughs – beliebt war und ist. Auch du kannst damit experimentieren, es bietet sich besonders an, wenn du kein spezielles Thema hast, sondern bei der Themenauswahl den Zufall entscheiden lassen willst. Nimm dir auch für dieses Projekt etwas mehr Zeit und begib dich in einen Zustand des absichtslosen Handelns. Schneide oder kopiere intuitiv bestimmte Worte oder Sätze aus diversen Medien heraus. Nach der Sammelphase setzt du diese spontan zueinander in Bezug. Du kannst einen Satz auch zerteilen und ihm einen scheinbar unpassenden Nebensatz verpassen. Erschaffe eine Textimprovisation aus fremden oder auch selbst produzierten Textfragmenten. Aus der Reibungsenergie der Sätze, die aus dem Zusammenhang gerissen werden und plötzlich in einem neuen, fremden Kontext stehen, können sich für dich bedeutsame Ideen oder Einsichten ergeben. Beim Cut-up-Prinzip schaltest du im Wachzustand das Träumen ein, um hinter dem Absonderlichen und Zufälligen bedeutsame Botschaften zu finden. Dafür muss nicht alles logisch sein, es muss nur im Moment für dich stimmen. Als Freestyler ist dir alles erlaubt, was dich aus dem Rahmen fallen lässt, um auf einem Worttrampolin zu landen und hoch hinauszuhüpfen.

Teil 2

Die Schreiblokomotive hält schnaubend an. Die Landschaft ist dir vertraut, und doch wirkt sie befremdlich. Du siehst die Menschen und Orte wie durch einen sepiafarbenen Filter, nichts bewegt sich, und selbst die Zeit steht still. Sobald du jedoch deine Aufmerksamkeit auf bestimmte Gestalten richtest, spielen sie wie auf Knopfdruck immer wieder die gleichen Szenen ab, während sie dich aus den Augenwinkeln beobachten. Gelegentlich vergessen sie ihren Text, blicken sich verunsichert an und fragen dich dann leise: Was, erinnerst du, soll ich als dein Freund zu dir gesagt haben? Habe ich als deine Mutter beim Streiten wütend geklungen oder eher enttäuscht? Und als dein Vater fand ich dich nicht liebenswert, ja? Kein Wunder, dass alle auf dein Kommando und auf deine Regieanweisungen warten – willkommen in deiner Vergangenheit! Als ihr Autor hast du aus fragmentarischen Erinnerungen ein zusammenhängendes Script verfasst. Da der Mensch sich selbst aber noch nicht direkt in die Vergangenheit beamen lassen kann, muss er sich mit Erinnerungen behelfen. Aus Brüchen, Höhenflügen und Tiefschlägen seines Lebens formt er eine sinnvolle Geschichte, in der er sich wiederfindet und wiedererkennt. Sie hilft ihm, nicht alles Erlebte und Erfahrene ständig neu analysieren zu müssen. Je mehr man jedoch bestimmte Erinnerungen in Dauerschleife abspielt, desto wahrer fühlen sie sich an – ohne es womöglich zu sein. Zeugenbefragungen sind beispielsweise alles andere als valide, selbst wenn sie kurze Zeit nach einem Ereignis aufgenommen werden konnten. Die Aussagen unterscheiden sich mitunter stark voneinander, obwohl die Menschen alle das

Gleiche hätten beobachten können. Aber jeder selektiert Eindrücke und Erlebnisse, sodass die Wahrnehmung bereits gefiltert wird – abhängig vom eigenen Fokus. Alles, was man erlebt, wird neuronal verdaut. Zum einen hat jeder einen eigenen Wahrnehmungsfilter, der ihm hilft, von Umwelteindrücken nicht überflutet zu werden. Nur fehlt ihm dabei eben eine 360-Grad-Perspektive, weil er nicht wie eine Kamera alles mechanisch aufzeichnet, sondern nur das für ihn Relevante. Und zum anderen verändern sich selbst Erinnerungen im Laufe der Zeit, damit sie sich ins eigene Selbstbild harmonisch einfügen können. Daher ist auf sie auch nicht immer Verlass. Je weiter zurück das Erlebte liegt, desto fantasievoller kann das Eigenleben sein, das es entwickelt. Eine erinnerte »Wahrheit« ist daher immer subjektiv und voller Lücken – auch wenn sie sich für den Einzelnen noch stimmig anfühlen kann. Wir schreiben die Story unbewusst einfach so lange um, bis sie zu unserem Selbstverständnis passt. Nur bisweilen tauchen in unseren inneren Memoiren geschwärzte Seiten auf, weil uns nicht gefällt, was wir abgespeichert haben. Gerade emotional sehr fordernde und intensive Erlebnisse und Erfahrungen möchte man lieber verdrängen oder ausblenden. Wenn kleine Kinder Verstecken spielen, halten sie sich die Hände vors Gesicht und glauben, so auch von anderen nicht mehr gesehen werden zu können. Was ich nicht sehe, kann mich nicht sehen. Weit gefehlt: Erinnerungen, die du auszublenden versuchst, können dich umso mehr beeinflussen und beeinträchtigen. Über den blinden Fleck wandern die Gespenster der Vergangenheit in deine Gegenwart – *out of your control*. Verdrängst du Teile deiner eigenen Geschichte, amputierst du dich ein Stück weit selbst und lieferst dich damit unbewusst deinen eigenen Verletzungen aus. Denn was du vor dir selbst versteckst, kann dich hinterrücks überfallen.

Das Schreiben zur Selbsterkenntnis ist hiergegen ein gutes Mittel. Mit dem Stift in der Hand kannst du zementierte Erinnerungen aufbrechen und vergangenen Gespenstern den Schrecken nehmen. Und selbst aus geschwärzten Seiten lassen sich wertvolle Einsichten gewinnen. Denn die Gespenster der Vergangenheit sind nicht grundlos entstanden, sonst hättest du sie auch nicht als Erinnerung abgespeichert. Vielleicht wollen sie von dir erlöst werden und dich für deine eigene Empfindsamkeit, Zerbrechlichkeit oder Lebenslust sensibilisieren. Du kannst auch über destruktive Glaubensmuster, die historisch gewachsen sind, hinauswachsen, weil du heute eine andere Person bist, als du sie zum Zeitpunkt ihrer Entstehung warst. Enttäuschungen und Tiefschläge können dir helfen, deine eigenen Ansichten zu überprüfen und dich tiefer in das Leben zu graben. Du kannst immer wieder neu entscheiden, welche Erkenntnisse du aus deinen Erfahrungen ziehen willst. Manch schmerzhafte Ereignisse lassen sich zwar nicht mehr ändern, aber du hast die Wahl, wie viel Macht du ihnen einräumen willst. Und nicht alles, was du abgespeichert hast, muss auch wirklich so geschehen sein. Für eine andere Person hätte die gleiche Situation zu einer von dir abweichenden Erfahrung geführt, weil sie sie anders bewertet als du, selbst wenn ihr in der Wahrnehmung übereinstimmt. Dieser Umstand birgt eine große Freiheit. Mithilfe deiner kreativen Entdeckungsfreude näherst du dich deiner eigenen Wahrheit hinter den Erinnerungen. Denn was ist wahr? Das, was dich trägt und fürs Leben stark macht. Du kannst dich damit aufreiben, dass du deine Wahrheit mit der anderer in Einklang bringen willst, oder die Erkenntnis akzeptieren, dass es viele Wahrheiten gibt und jeder für seine eigene einstehen muss. Daher kannst du dich entscheiden, welche Erinnerungen dich festigen und zu der Person werden lassen, die du bist und sein willst. Dabei wirst du feststellen, dass du vor nichts Angst haben musst, denn auf der Reise in dein früheres Ich bist du nicht allein. Der Autobiograf, der Dramatiker, der Kurzgeschichtler, der Märchenerzähler und der Freestyler – sie alle stehen dir mit Wort und Stift zur Seite. Als leichtfüßige Berater geben sie dir wertvolle Tipps, an welchen Stellen dein Lebensplot noch arg ins Düstere driften will. Dabei treibt deine Neugierde die Schreibfeder an: Wer bin ich? Was hat mich geprägt und beeinflusst? Und was habe ich daraus gelernt? Die Rewriting-Prinzipien helfen dir, dich so lange weiter zu befragen und zu hinterfragen, bis es für dich stimmig und versöhnlich wird. Wenn dich bestimmte Dämonen in Form von schlechten Erfahrungen, unangenehmen Erlebnissen oder zwischenmenschlichen Abgründen von deinem Schreibort verjagen wollen, werden deine zähen Schreibgesellen die Schreibtischlampe anmachen, um die Dämonen für dich ins Helle zu holen. Im Schein der Lampe erkennst du, dass sich da noch ganz andere Gestalten tummeln, und zwar jene, die dich immer wieder ermutigt, geliebt und geschätzt haben. Auch positive Erfahrungen, die dir Kraft verliehen und dein Herz stärkten, erblickst du dort. Deine Erinnerungen werden farbiger, vielfältiger und bunter – weil sich der Sepiaschleier von deinen inneren Landschaften verzieht.

Deine Familie, deine Freunde, deine Lebensumstände und vieles mehr – sie alle sind Teil deiner Geschichte. Die Erfahrungen, die du im Laufe deines Lebens gemacht hast, müssen keine Energieräuber sein oder zu Gespenstern mutieren, sie können dir auch Zuversicht, Kraft und Vertrauen schenken.

Die eingangs vorgestellten Rewriting-Prinzipien befähigen dich, bestimmte Erfahrungen in ein versöhnliches Licht zu rücken, ohne dafür die Geschehnisse manipulieren oder verdrehen zu müssen. Schließlich bist du kein Zeuge, sondern der Mittelpunkt deiner Lebensgeschichte.

»Die hellen Tage behalte ich, die dunklen gebe ich dem Schicksal zurück« – diesen Satz habe ich in Zsuzsa Banks Roman *Die hellen Tage* gefunden. In diesem Sinne werden die folgenden Schreibübungen dich zu kleinen und größeren Exkursionen in deine Geschichte einladen. Helle Eindrücke, neue Hauptfiguren und frische Dialoge werden wie kleine Sterne über dir und deinen Schreibpersönlichkeiten funkeln. Und je dunkler der Himmel ist, desto größer ist die Leuchtkraft deiner Geschichte.

Der Zeitreisende

In dieser Übung hebst du die Dimension der Zeit aus den Angeln und wirst zum Zeitreisenden. Gönne dir etwas mehr Schreibzeit, denn die neue Rolle will mit Bedacht vorbereitet sein. Du wirst jüngeren Versionen deiner selbst begegnen, und diese Versionen werden dich auch im Hier und Jetzt besuchen. Damit dich die Versionen deines jüngeren Ichs wiedererkennen und nicht vor dir erschrecken, statte deinen Schreibplatz am besten mit Gegenständen aus, die dir als Kind und junger Erwachsener wichtig waren. Gab es ein Stofftier, mit dem du deine Geheimnisse geteilt hast, oder ein Spielzeug, das dir nie langweilig wurde? Hast du Bilder von geliebten Haustieren oder abgegriffene Comics? Was auch immer es ist – Fotografien, Tagebucheinträge, Bücher oder Gegenstände –, platziere es wie einen Schutzkreis um dich herum, damit du als Zeitreisender nicht verloren gehst. Die Übung hilft dir, mit deiner authentischen Stimme wieder in Kontakt zu treten und sie behutsam aus der Reserve zu locken. Gerade in Zeiten, wo sie sich mit einem emotionalen Stimmbruch gequält hat.

Part I: Kleines Ich – was treibt dich um?

Der Countdown für das magische Schreibexperiment läuft: Dein erster Ausflug führt dich zu dir als Kind von ungefähr sechs bis zehn Jahren. Wie schaust du als Zwerg aus? Und wie nimmt dein junges Alter Ego die Welt um sich herum wahr? Mach dir erste Notizen, ohne zu viel darüber nachzudenken.

Nähere dich deinem kleinen Ich zu einem Zeitpunkt, als es sich besonders schutzlos und allein gefühlt hat. Schreib ungefiltert Momente auf, die dir noch gegenwärtig sind. Wann und wo hättest du mehr Verständnis und Liebe gebraucht? Überlege dir, wie du dein Ich, dein inneres Kind ansprechen kannst, ohne es zu verunsichern. Schließlich wähnt es sich allein in seinem Leid. Stell ihm Fragen wie: Warum bist du so traurig? Wie könnte ich dir helfen? Erkläre ihm, dass du aus der Zukunft angereist bist, um ihm zur Seite zu stehen. Was auch immer dir einfällt, schreib es auf und trau dich, in einen Dialog mit ihm zu treten. Was kannst du mit deinen Erfahrungen von heute deinem inneren Kind Liebevolles und Tröstendes sagen, damit es wieder Vertrauen in sich und die Welt gewinnt? Immerhin bist du der Beweis dafür, dass sein Leben erfolgreich weitergegangen ist. Lass diese vertrauten Gespräche zwischen ihm und dir natürlich entstehen und wachsen. Euer Gespräch wird eine eigene Dynamik entfalten, gerade wenn dein inneres Kind sich von dir verstanden und erkannt fühlt – selbst wenn ihm dieses Gefühl damals vorenthalten wurde. Jetzt hat es einen magischen Freund zur Seite, dich, sein Alter Ego aus der Zukunft. Was möchtest du als Erinnerung abspeichern, damit ihr euch nicht mehr aus den Augen verliert? Wenn du fertig bist, katapultiere dich langsam ins Jetzt zurück – nicht ohne deinem kleinen Ich liebevoll zum Abschied die Haare zu zerzausen. Was auch immer du geschrieben hast, bewahre es sorgsam auf. Es ist nichts Geringeres entstanden als eine Freundschaft, die Raum und Zeit überwunden hat.

Part II: Ein Brief an mein heranwachsendes Ich

Für den zweiten Schreibpart kannst du ein neues Schreibdate mit dir vereinbaren, oder du hüpfst nun einfach fröhlich auf dem Zeitstrahl weiter, bis du dich als jungen Erwachsenen entdeckst. Dein heranwachsendes Ich erlebt vielleicht gerade schwierige Auseinandersetzungen mit deinen Eltern oder hat Streit mit seinen besten Freunden. Womöglich fühlt es sich als Versager oder ertrinkt in schlimmem Liebeskummer.

Aktiviere deine Erinnerungen: Wie nimmst du dein heranwachsendes Ich wahr? Inwiefern unterscheidet es sich von deinem jungen Ich? Welche Ängste versucht es vor sich selbst oder seiner Umgebung zu verstecken? Welche Gedanken und Gefühle bringen es zum Rotieren?

Von deinem Schreibplatz aus wirst du an diesen jungen, etwas verunsicherten Erwachsenen einen Brief aus der Zukunft verfassen. Falls du Unterstützung brauchst, um dich warmzuschreiben, können dir folgende Fragen als Impulse dienen: Welche Worte, welche Einsichten, welche Ansprache hätten dich damals ermutigt? Entdeckst du im Rückblick Qualitäten an deinem heranwachsenden Ich, die ihm zu der damaligen Zeit noch nicht bewusst waren? Warum lohnt es sich, nicht den Kopf hängen zu lassen? Und welche vermeintlichen Rückschläge sind aus deiner jetzigen Perspektive wertvoll gewesen, auch wenn dein damaliges Ich das noch nicht wissen konnte? Wie könntest du seine Ängste, Zweifel und Unsicherheiten behutsam anerkennen, ohne dass der Schmerz einen allzu großen Riss in deinem Brief hinterlässt? Deine Worte können sich wie Balsam auf dein ungestümes, entzündetes Herz von damals legen. Wer, wenn nicht du, könnte besser nachvollziehen und wissen, was es damals gebraucht hätte? Formuliere deine Eingebungen. Denn nicht nur die Zeit, auch Zeitreisende können so manche Wunden heilen.

Part III: Zurück im Hier und Jetzt

Damit es nicht so einseitig wird, können dir als Zeitreisendem auch geheime Botschaften übermittelt werden. Für den letzten Part kannst du entweder wieder ein neues Schreibdate vereinbaren, oder du machst einfach gleich weiter mit der nächsten Übung. In dieser verbünden sich dein kleines und dein heranwachsendes Ich, um dir anerkennend auf die Schulter zu klopfen. Du brauchst sie dafür nur mit den entsprechenden Fähigkeiten auszustatten, um dich ins Hier und Jetzt begleiten zu können. Diesmal geht es darum, dass du dich ihnen anvertraust und sie an ihrer Zukunft teilhaben lässt. Da 'in euch dasselbe Herz schlägt, spüren sie, welche Gefühle dich manchmal quälen oder verunsichern. Sie wissen aber auch um deine Qualitäten, die du ihnen in dem Zwiegespräch oder dem Brief unter Beweis stellen konntest. Das Kind in dir wird dir vielleicht etwas unzensierter und freier schreiben, während das heranwachsende Ich schon etwas gehemmt ist. Was möchte dir dein junges Ich mitgeben, damit du dich mit ihm verbunden fühlen kannst? Auf welche Weise feuert dich dein heranwachsendes Ich an? Was beeindruckt sie an der Person, deren Bestandteil sie sind? Und was könntest du von ihnen annehmen, was du dir selbst gerade nicht zugestehen kannst? Selbst wenn du dich im Augenblick nicht besonders gut fühlst, erlaube dir, Hilfe und Anerkennung von deinen inneren Freunden zu empfangen. Lass dich von deinen jüngeren Ichs feiern und bewundern. Sobald du alles notiert hast, was sie dir als Seelenproviant mitgeben wollen, kannst du deine Rolle als Zeitreisender abstreifen. Auch bei diesem Reiseabenteuer gibt es weder richtig noch falsch, sondern nur eine Begegnung fern von Zeit und Vernunft.

Gemeinsam mit deinen jüngeren Ichs hast du deine Wurzeln genährt, um dich im Jetzt noch stärker zu verankern. Sie bilden eine zeitlose Buchstabenspur zu deiner Seele – und das feste Band zwischen dir und deinen jüngeren Ichs ist nur für dein Herz sicht- und entschlüsselbar.

Fifty Shades of Happiness versus Fifty Sunrays of Happiness

Muss ich immer wieder in die Fettnäpfchen des Lebens treten? Warum kann ich nicht auch mal Glück haben? Ist mein Leben ein nie enden wollender Burn-out? Nichts will auf lange Zeit hin glücken, allein die Pechsträhne ist immer gut frisiert …

Es gibt Momente, in denen du die Antworten auf diese oder ähnliche quälende Fragen und Überlegungen vom Leben selbst zu erhalten glaubst. Aber entsprechen sie immer der Wirklichkeit? Ein Autor kann bisweilen sehr dramatisieren, damit die Story mehr Zündstoff hat – insbesondere, wenn er an nichts Geringerem sitzt als an seinem Lebenswerk »Fifty Shades of Unhappiness«. Mit der folgenden dreiteiligen Übung kannst du deine Gewissheiten über dich überprüfen und die ondulierte Pechsträhne kräftig durcheinanderwirbeln. Dafür tobst du dich schreibend zwischen der Schatten- und der Sonnenseite aus. Die Übung kannst du an einem Stück machen oder dir separate Schreibzeiten dafür reservieren. Da es um nichts Geringeres geht als darum, deinen eigenen Glaubenssätzen auf die Schliche zu kommen und zu erkennen, wie stark sie dich beeinflussen, kannst du die Übung auch als begleitendes Schreibprojekt betrachten. Oder du startest einfach und siehst, wie weit sie dich bringt. Das kann nicht nur zu interessanten Erkenntnissen führen, sondern deine Kreativität zum Sieden bringen. Denn Achtung, der Dramatiker in dir darf sich nun ins Schreibzeug legen, um bestimmte Tendenzen von Schön- oder Schwarzfärberei stärker herauszuarbeiten.

Part I: Facts & Figures

Im ersten Schritt brauchst du als Autor deines Lebens eine gute Recherchebasis, den Faktenbericht. Sammle die wichtigsten Ereignisse und Stationen deines Lebens, ohne sie jedoch zu interpretieren oder Schlussfolgerungen daraus zu ziehen. Wie bist du aufgewachsen? Welche Menschen waren wichtig für dich, und was hat dich zu dem gemacht, der du heute bist? Liste Erfahrungen nüchtern auf und protokolliere, was faktisch nachweisbar ist. Du musst keinen roten Faden erkennen, nichts in einen Sinnzusammenhang bringen und keine einwandfreie

Argumentationslinie finden – in dieser Rolle verhältst du dich eher wie ein Polizist, den allein die Fakten interessieren. Lass dir ausreichend Zeit damit und sortiere so wenig wie möglich aus. Gerade Nebensächlichkeiten können aufschlussreich sein. Am Ende wirst du einen etwas drögen Lebensbericht in den Händen halten oder auf dem Monitor blinken sehen – aber nicht mehr lange.

Part II: Fifty Shades of Unhappiness

Dieser trockene Lebensbericht ist nun dein Ausgangsmaterial, um dich dramatisch in die Tiefe zu schreiben. Als Autor erhältst du jetzt den einmaligen Auftrag, aus den Fakten deines Lebens eine tieftraurige Story zu kreieren. Tunke deine Schreibfeder in vor Traurigkeit, Trübsal und Lebensschwere triefende Gefühle und bastle daraus eine melancholische Soap, die dem Leben selbst die Tränen in die Augen treibt. Jedem schönen Erlebnis haftest du einen unheilvollen Schatten an seine Ferse. Wie in einem düsteren Film unterlegst du die Szenen mit einer Melodie, die schwer in den Ohren hängt und einen ahnen lässt: Das kann nur schiefgehen, die Idylle ist nur von kurzer Dauer und in sich trügerisch. Was auch immer dir in deinem Leben widerfahren ist, lass das Drama die Regie übernehmen. Die Fakten kannst du dafür ruhig ein wenig verdrehen oder überspitzen. Versuche, die glücklichen Momente nicht auszuweiten, oder lass sie teilweise ganz weg. Schließlich lautet der Auftrag, dich so gut und realistisch wie möglich als Opfer ins Schreiblicht zu rücken. Du kannst eine Kurzgeschichte entwerfen oder ein Drama in mehreren Akten verfassen, der Inhalt wird auf natürliche Weise den passenden Rahmen finden.

Wenn du dich als Autor im Schattenreich ausreichend profilie-
ren konntest, ist der Auftrag erfüllt, und du kannst dir eine
Ruhepause gönnen. Aber nicht allzu lange, damit deine authentische Stimme nicht zu stark rebelliert. Daher geht es nun
auch unverzüglich an den Gegenentwurf: Der nächste Auftrag
zielt auf die Sonnenseite deines Lebens ab.

Part III: Fifty Sunrays of Happiness

Wirf nun, um dich für die Variante »Fifty Sunrays of Happi-
ness« zu neutralisieren, erneut einen Blick in deinen Tatsa-
chenbericht. Wenn du magst, unterstreiche die Erfahrungen
und Erlebnisse, die dir helfen können, aus diesem Bericht eine
Erfolgsstory zu entwickeln. Überlege dir, wie du selbst vermeintliche Tiefschläge und Rückschritte als Erfolge verbuchen
könntest. Du darfst dabei gern übertreiben, um dich als Held
deiner Geschichte ordentlich zu feiern. Was ist dir alles ge-
glückt trotz Widerständen und Enttäuschungen? Aus welcher
Perspektive hat sich doch immer wieder alles zum Guten ge-
wendet? Hier und da dürfen die Details ein wenig ausge-
schmückt werden, während du großzügig über eigene Fehler
und Ungereimtheiten hinwegschreibst. Das Motto dieser Erfolgsstory lautet: Ich lebte, sah und siegte. Der Ton sollte beschwingt und ruhig auch euphorisch sein. Einzig aufs Under-
statement solltest du verzichten, damit der Applaus umso
stärker nachhallen kann. Wenn der Champion in dir ausreichend gewürdigt wurde, gönn dir eine Verschnaufpause.

Du hast nun zwei fulminante Auftritte auf der Lebensbühne
gemeistert – auf Grundlage eines schlichten Tatsachenberichts.
Erst hast du das Unglück in eine Form gegossen und danach

den Glücksrausch. Dabei wirst du vielleicht festgestellt haben, dass es für beide Aufträge einen kreativen Interpretationsspielraum gebraucht hat, weil die Fakten in einen passenden Zusammenhang gebracht werden mussten. Das Leben ist meistens weder pechschwarz noch dauerhaft glücklichgelb – deine eigene Wahrheit liegt irgendwo in der Mitte. Sie pendelt sich zwischen manischen Höhepunkten und depressiven Tiefpunkten ein. Dennoch – oder gerade deshalb – kann es einem sehr viel Feuerkraft geben, mal in die eine oder andere Richtung auszuschlagen. Wenn du dich selbst nicht allzu abhängig machst von deinem Glück oder Unglück, kannst du sehr viel freier handeln, fühlen und schreiben – und immer wieder Siesta halten, am besten irgendwo in der Mitte, an einem sonnigen Schattenplatz.

Der Gespensterflüsterer

Es können Gerüche, Geräusche, Berührungen oder Situationen sein – irgendetwas Vertrautes drückt einen Knopf im Kopf, und eine längst vergessene oder verdrängte Sequenz läuft ab; der Ballast aus der Vergangenheit wird an die Ufer deines eigenen Bewusstseins geschwemmt und erwacht zum Leben.

Wie Gespenster können sich schmerzvolle Erfahrungen an die eigenen Fersen heften. Sie lassen sich weder abschütteln noch ignorieren, denn Schlupflöcher finden, um dich auf Trab zu halten, zählt zu ihrem Spezialgebiet. Wie also kann man dieser Plagegeister Herr werden?

In der folgenden Übung wirst du zum Gespensterflüsterer, um dem Spuk ein Ende zu bereiten. Anstatt vor ihnen wegzulaufen, berufst du eine Audienz mit ihnen ein. Dich kreativ mit deinen Gespenstern auseinanderzusetzen wird dir helfen, dich nicht allzu stark mit Ereignissen zu identifizieren, die als negativ in dir abgespeichert sind. Solange du sie zu unterdrücken versuchst, bindest du nur kostbare Energie, anstatt sie frei fließen zu lassen. Das Rewriting-Prinzip des Reframings kannst du hier besonders gut einsetzen, weil es darum geht, Vergangenes in einen neuen Kontext zu setzen.

Mit wem spreche ich? – Gespenster stellen sich vor

Entwickle zunächst Gespensterpersönlichkeiten, die du so präzise und plastisch wie möglich charakterisierst. Wie konnte beispielsweise deine Angst aussehen, die in bestimmten Situationen getriggert wird, aber ihren Ursprung in deiner Vergangenheit hat? Hast du wiederkehrende Gedankenkarusselle wie »Ich schaffe das nicht« oder »Ich werde eh wieder auf die Nase fallen« im Kopf, denen du ein gespenstisches Profil geben könntest? Welches Erlebnis stellt dir heute noch die Nackenhaare auf, obwohl es längst vergangen ist? Gespenster können auch Personen in deinem Leben sein, die dir böse mitgespielt oder dein Herz arg ramponiert haben. Wer oder was hat dich so verletzt, dass du heute noch die Wunde pochen spürst? Wenn du merkst, dass dir manche dieser Spukgestalten nach wie vor sehr unheimlich sind, entwickle lieber Profile von harmloseren.

Audienz mit den Gespenstern

Die Audienz folgt deinen Spielregeln. Nach und nach werden alle deine Schreckgespenster auf dem heißen Schreibstuhl sitzen und dir Rede und Antwort stehen. Schließlich bevölkern die unheimlichen Stimmen deine Seele wie freche Hausbesetzer. Falls es dir zu bunt oder unkooperativ werden sollte, werden sie hinauskomplimentiert – und zwar von dir höchstpersönlich.

Überlege dir einen Fragenkatalog für jedes einzelne Gespenst aus deiner Vergangenheit. Er kann gern konfrontativ sein. Du willst das Gespenst ja schließlich aus der Reserve locken, ohne die Schreibfäden aus der Hand zu lassen. Folgende Fragen kannst du zur Orientierung nutzen: Warum verfolgst du mich immer noch? Wieso lässt du mich die gleichen Ängste wie damals erleben? Warum hast du mir das angetan? Was wäre, wenn ich mich von dir nicht mehr einschüchtern ließe? Was könnte ich machen, damit du Ruhe gibst? Wie kann ich mit dir leben, ohne dass du mir immer wieder auflauerst?

Nimm dir ausreichend Zeit, um deine eigenen eher schwierigen Erfahrungen in Form der Gespensterpersönlichkeiten antworten zu lassen – unzensiert und frei. Womöglich demaskieren sie sich jetzt. Was erblickst du hinter den Gespensterkostümen? Möchten sie dir etwas Dringendes mitteilen? Schreib dein inneres Gespräch auf, und beobachte, ob sich dein Verhältnis zu dem, was dich immer wieder ins Herz zwickt, verändert. Dafür musst du keineswegs mit dem einverstanden sein, was dir widerfahren ist. Vielleicht findest du hinter den schmerzvollen und verdrängten Erlebnissen neue Erkenntnisse und Einsichten, weil du nun genau hinsiehst, anstatt die Augen zu schließen. Deine Audienz kannst du beenden, sobald es sich für dich stimmig anfühlt. Ich gratuliere dir, das Zertifikat zum Gespensterflüsterer hast du mit dieser Übung erhalten.

Übung

Insight Gespensterflüsterer

Karin hat die Übung genutzt, um das Gespenst ihrer Mutter heraufzubeschwören und das eher schwierige Verhältnis zu ihr zu betrachten. Gerade unschöne Erinnerungen können einen immer wieder einholen, und es braucht Zeit und Kraft, um sich davon nicht mehr einschüchtern zu lassen.

Nimm dieses Insight als Ermunterung, deine eigene Audienz intuitiv zu gestalten, statt dich akribisch genau an die Fragen und Anweisungen zu halten.

Sofort, als ich den ersten Satz der Übung lese, taucht das Bild meiner Mutter vor meinem inneren Auge auf. Sie keift mich an mit wutverzerrtem Gesicht. Habe ich sie je anders gesehen als wütend, unzufrieden, beschäftigt? Gelächelt hat sie selten, schon gar nicht in meine Richtung. Sie hat mich nie geschlagen, mich nicht misshandelt, mich nicht weggesperrt. Nein, eine solche Kindheit hatte ich nicht. Eine liebevolle aber auch nicht. Und in diesem Moment kommt mir meine Mutter wirklich vor wie ein Gespenst. Denn sie ist inzwischen tot. Aber die Erinnerung an sie verlässt mich nicht, schwingt immer mit. Ich höre ihre mahnende Stimme, ihren Hohn, und die erinnerten Worte in meinem Ohr bremsen mich aus. »Was soll aus dir nur werden?«, »Womit hab' ich so ein Kind verdient?«, »Du raubst mir den letzten Nerv!«, »Geh mir aus den Augen!« Ich habe

Angst, anstrengend zu sein für andere Menschen, ich traue mich nicht, mich ihnen zuzumuten, Forderungen zu stellen, zu mir zu stehen. Und ja, ich sehe die Verbindung zu meiner Kindheit, nur trennen kann ich sie nicht. Ich bin über fünfzig und trauere nach wie vor mit dem Kind, das ich war, das in den Arm genommen werden wollte, das die Erwartungen nicht erfüllen konnte. Und während ich das schreibe, merke ich, dass ich mich geduckt habe, ich habe mich klein gemacht, die Schultern eingezogen. Ich richte mich auf, atme tief ein. Ich betrachte meine keifende Mutter vor meinem geistigen Auge. Sehe ihre Erschöpfung, sehe ihre vom Schuften kaputten Hände, sehe, wie das Leben an ihr vorbeirinnt, ohne dass sie ihre Träume leben kann. Ich bin nicht schuld, und doch verstehe ich, dass sie mich nicht haben wollte. Ich verstehe es, auch wenn es schmerzt. Die Erkenntnis ist nicht neu, und doch versuche ich zum ersten Mal, mich ihr wirklich zu stellen. Eine Audienz mit meiner Mutter … sie sollte sich setzen. Sie sollte auch mich zu Wort kommen lassen. Doch es gelingt mir nicht, mir das vorzustellen, sie steht, ragt über mir auf, ist zu stark für mich. Ich spüre, dass das an diesem Tag nicht klappen wird, dass ich mehr Zeit brauche, und nehme mir vor, die Übung zu wiederholen. So lange, bis ich es schaffe, diesem Gespenst aus meiner Vergangenheit entgegenzutreten. Ihm zu antworten. Und es endlich zu verjagen.

Die etwas andere »Very Important Person«-Galerie

Es gibt Menschen, Erfahrungen und Orte, die man in Gedanken aufsucht, um sich mit ihnen zu verbinden und sein Herz wieder aufzuladen – gerade wenn sie im Moment nicht greifbar sind oder der eigene Energietank leer ist. In diesem Schreibexperiment kannst du genau jenen »Very Important Persons and Impressions« eine Ausstellung widmen und zum Kurator werden. Die Übung unterstützt dich insgeheim dabei, deinen Fokus auf das Positive zu legen und Erfahrungen zu filtern, die dich heute noch bestärken und antreiben. Du kannst nämlich selbst entscheiden, wie du Vergangenes kuratieren willst. Daher kannst du dich in der Rolle des Kurators üben und für deine Ausstellung geeignete Exponate sammeln und beschreiben.

Meine persönliche VIP-Ausstellung

Freunde, Familie oder Vorbilder – sie alle können Teil deiner »Very Important Person«-Galerie sein, weil sie dich ermutigen, deinen eigenen Weg zu gehen oder ihn dir selbstbestimmt zu bahnen. Vielleicht möchtest du in deine persönliche Ausstellung nicht nur Menschen, sondern auch bestimmte Naturerlebnisse aufnehmen, Tiere oder Bücher, die zum richtigen Zeitpunkt dein Leben bereichert und beschenkt haben. Folgende Fragen können dir die Qual der Wahl erleichtern: Wer hat dich immer wieder unterstützt und dir in bestimmten Phasen Orientierung gegeben? Welche charakteristischen Sätze oder Einsichten sind dir mitgegeben worden? Welches Erlebnis hat einen mächtigen Eindruck bei dir hinterlassen?

Porträtiere deine »VIP-Exponate«, so wie sie hier definiert werden, mit Liebe zum Detail und beschreibe sie nicht nur, sondern gehe vor allem auf die Wirkung ein, die sie auf dich (gehabt) haben. Welche Tugenden haben sie dich gelehrt? Was würde dir ohne sie fehlen? Schreib auf, was du ihnen nie vergessen wirst, selbst wenn es für sie vielleicht selbstverständlich war.

Dabei muss der VIP nicht in allem perfekt gewesen sein, auch einzelne Qualitäten oder Situationen können dich als Kurator überzeugt haben. Schließlich ist Irren menschlich, ebenso wie großzügig über einige Dinge hinwegzusehen und mit einem Augenzwinkern hinwegzulieben. Wenn du in der Laune bist, kannst du einzelne von dir erstellte Porträts deinen Lieben in die Hand drücken oder ihnen Auszüge schicken. Sie werden sich bestimmt sehr geehrt fühlen, von dir als Kurator ausgewählt worden zu sein – schließlich kommt in diese Galerie so schnell nicht jeder rein – vor allem nicht in dein Herz.

Der Nobelpreis des Herzens – reich an Erfahrungen!

Liebe deinen Nächsten wie dich selbst, lautet das biblische Gebot. Abgewandelt könnte es auch heißen: Schreibe gut über deinen Nächsten wie über dich selbst. Jetzt bist du an der Reihe, in den Olymp der Herzen aufgenommen zu werden. Der Nobelpreis der Herzen wird in dieser Übung an dich vergeben. Kein anderer verdient ihn mehr als dein eigenes Herz. Deine Ahnen können dir sehr viel Kraft und Unterstützung schenken, aber ohne dein eigenes Zutun würde diese Energie verpuffen. Daher lohnt es sich, seine eigene Schönheit, Güte und seine guten Eigenschaften ebenso zu bestaunen wie die anderer. Damit verankerst du dich vor allem in deinen Qualitäten, die du schreibend stärkst. Mit unaufgeregtem und liebevollem Blick lassen sich so manche unverdauliche Glaubenssätze auch leichter hinterfragen.

Meine Laudatio

Nimm dir ausreichend Zeit, um eine Laudatio auf dich zu schreiben und dir nebenbei selbst ein kleines Profil zu zaubern. Du kannst, wenn du magst, eine Kerze an deinem Schreibplatz anzünden, um dein eigenes Loblicht nicht aus den Augen zu verlieren.

Wirf jetzt einen Blick in deine Vergangenheit und erinnere dich an Situationen, in denen du dich selbst überrascht hast. Es folgen nun viele Fragen, nicht jede musst du beantworten. Sie können dich jedoch ermuntern, deine Hymne episch anschwellen zu lassen. Zu welchen Gelegenheiten hast du zu dir gestanden und bist deiner eigenen Wahrheit gefolgt? Wo bist du in ein Fettnäpfchen getreten, welches sich später als Honigtopf enttarnt hat? Wie hast du dein Herz immer wieder mit zuversichtlichen Gedanken aufgetankt? Was schätzt du aufrichtig an dir? In welchen Situationen hast du dich dir selbst besonders nah gefühlt? Was an dir würdest du nie eintauschen oder hergeben wollen? Welche Leidenschaften und Freuden haben dich immer wieder aus dem Schlupfloch geholt? Worauf bist du stolz? Nicht allein die äußeren Erfolge zählen hier, sondern du als Mensch, der sich getraut hat, sein Herz durch die Feuerproben des Lebens zu schicken, zählst. Selbstverständlich wirst du nicht frei von Verfehlungen sein, aber sie haben dich möglicherweise angetrieben, dich weiterzuentwickeln. Poliere dein eigenes Herz Wort für Wort auf Hochglanz. Selbst wenn du »nur« ein Insekt vor dem Sterben bewahrt haben solltest, so hast du in diesem Moment ein Leben gerettet und verdienst dafür Anerkennung.

Insight Laudatio

Lea ist ein bescheidener und geradliniger Mensch, der nicht viel Aufhebens um sich macht. Gerade wenn man sich selbst nicht so wichtig nimmt, ist die Laudatio keine geringe Herausforderung. Wie Lea diese gemeistert hat, kannst du in ihrer dezenten Hymne erfahren.

Was für ein besonderer Tag! Ich bin unglaublich ergriffen, diesen Preis heute in den Händen zu halten. Der Nobelpreis der Herzen. Was für ein Preis ist das überhaupt? Für mich ist es ein Preis, den jeder Mensch verdient hat – unabhängig davon, ob er sich selbst als »Wohltäter« oder »Egoist« einstuft. Es ist schade, dass ihn sich die meisten unter uns selbst nicht gönnen würden. Denn jeder von uns sollte ihn sich selbst verleihen. Täglich. Gerade die vermeintlichen Egoisten. Warum? So abgedroschen es auch klingen mag: Herz zu zeigen für andere bringt am Ende uns selbst das größte Glück. Man könnte mir also heute genauso den Nobelpreis für besonderen Egoismus verleihen.

Trotzdem stellt man sich an einem Tag wie heute die Frage: Womit habe gerade ich diesen Preis verdient? Keine leichte Frage. Deren Antwort sehe ich am ehesten in meiner Neugier begründet. Neugier danach, was den Menschen bewegt. Wie findet man das heraus, habe ich mich gefragt – ohne lange Jah-

re zu studieren, es als Berufswunsch zu titulieren und mir damit gleich selbst eine große Bürde aufzuerlegen? Mein Versuch war: durch Beobachten, durch Zuhören. Den Menschen zu studieren, so wie er lebt, spricht, feiert, weint, Angst hat, Zweifel hegt, hadert und sich freut. Wie, wann, warum und mit wem. Mich selbst eingeschlossen.

Die Türchen in so manche Herzen öffneten sich dadurch ganz automatisch. Denn ehrliches Interesse, geduldiges Zuhören und Mitgefühl sind meiner Meinung nach einige der elementarsten Tugenden, die uns ausmachen und echte Verbindungen schaffen. Welche Erfüllung einem das selbst bringt, ist erstaunlich. Zu erfahren, wie viel stärker man eigentlich involviert ist, wenn man sich nicht immer selbst zum Mittelpunkt des Interesses macht. Die Krux ist und bleibt: Was so simpel klingt, ist außerordentlich schwierig. Es gelingt mir auch selbst nur in den seltensten Fällen.

Darum rufe ich euch dazu auf: Schenkt dem nächsten Menschen, dem ihr begegnet, zehn Minuten eure volle Aufmerksamkeit. Hört ihm zu, ohne beim Zuhören schon eure nächste Antwort im Kopf zu formulieren, ohne schon eine eigene passende Geschichte für die Situation aufzubereiten. Wartet nicht ungeduldig auf die Atempause eures Gesprächspartners, um dort hineinzugrätschen, sondern schenkt sie ihm in Ruhe …

Dieser Preis ist für euch alle, die die Welt einen kleinen Moment lang ein kleines bisschen schöner machen wollen!

Aus gutem Grund bin ich der VIP

Sollte es dir schwerfallen, deinen eigenen Lobgesang zu verfassen, kannst du dir auch überlegen, was andere an dir schätzen. Ein kleiner Dreh, der dir helfen kann, dir die Anerkennung zu zollen, die du von anderen längst bekommst. Ändere dafür leicht die Schreibperspektive und werde selbst zu einem VIP-Exponat, das andere Kuratoren in ihre Galerie aufnehmen würden. Frag dich: Wer könnte in dir ein Vorbild sehen und aus welchem Grund? Was könnten sich andere von dir abschauen? Was hat dich immer wieder sicher geleitet, sodass auch andere sich von dir haben leiten lassen? Wann warst du der illustre VIP oder Anker? Welchen inneren Reichtum hast du mit anderen geteilt? Welches Credo könnte dein Porträt zieren? Was soll von dir in Erinnerung bleiben?

Und auch jetzt geht es nicht darum, den perfekten Menschen zu besingen, sondern ihn für seine Taten, Gedanken und Gefühle zu achten und anzuerkennen. Dabei solltest du nicht mit dir diskutieren und dich mit einem »Ja, aber …« schmälern. Das eigene Herz schätzt es nicht, relativiert zu werden – schon gar nicht beim Nobelpreis oder als Sternchen am Firmament.

Nichts von dem ist unwichtig, was du dir oder anderen an aufbauenden, ermunternden oder wertschätzenden Gesten geschenkt hast. Damit dein Nobelpreis der Herzen nicht im Gedächtnis verstaubt, bewahre dir die Eloge auf dich und dein Porträt an einem für dich heiligen Ort auf. Mit der Kerze aus der Schreibübung kannst du auch ihn in ein zauberhaftes Licht tauchen. Vergiss nicht, deinen kleinen Tempel regelmäßig zu besuchen.

Insight: Mein eigenes VIP-Profil

Um sich selbst als Sternchen zu beschreiben, bedarf es keiner wortreichen Inszenierung, findet Lea. Sie hat ein prägnantes, klares Profil verfasst.

Wo könnte ich andere inspiriert haben?
Auch wenn sie sich im Mittelpunkt nie wohlfühlte, inspirierte sie andere durch den klaren Weg, mit dem sie auf ihre Ziele und Träume zuging. Dazu gehörte es auch, die Richtung des Öfteren zu wechseln, lang gesetzte Ziele auf ihre Gültigkeit hin zu überprüfen und sich einzugestehen, wenn sie in die Irre gegangen war. Fehler gab es für sie keine, sondern nur Erlebnisse auf ihrem Weg, die ihr die Chance boten, den Kompass neu zu justieren.

Wieso nehmen mich andere in ihre Galerie auf?
Auch wenn sie selbst das Abenteuer und das Ungewisse liebte, stand sie anderen mit Klarheit, Diplomatie und Mitgefühl zur Seite, ohne sich selbst zu verlieren.

Welches Motto steht unter meiner Büste?
Ein Fels in der Brandung.

Der Schreib- und Beichtstuhl

Bevor dich die Schreiblokomotive in die Gegenwart befördert, geht es noch auf eine besondere Exkursion. Sie führt dich zu deinem geheimen Schreib- und Beichtstuhl. Du darfst in dieser Übung eine Doppelrolle übernehmen, die des Sünders, der von seinen bitteren und süßen Geheimnissen erzählt, und die des Beichtvaters, der dir Absolution erteilt. Was auch immer im Beichtstuhl erzählt wird, dringt weder an die Öffentlichkeit, noch wird damit Schindluder getrieben – diesen Deal kannst du mit dir selbst eingehen.

Nimm dir ausreichend Zeit für diese Übung, und stelle sicher, dass du nicht gestört wirst. Du kannst dabei erfahren, wie wertvoll es ist, zu dir zu stehen, selbst wenn du mal unglückliche Entscheidungen getroffen oder wider gutes Gewissen gehandelt hast.

Betrachte es als Privileg, dir deine verwundbarsten Gefühle und Gedanken anzuvertrauen – und brich den Bann, indem du liebevoll zu dir sagst: Ja, auch das bin ich.

Part I: Im Beichtstuhl

Sobald du bereit bist, schütte dir dein Herz aus. Vertraue dich dir spontan und hemmungslos an. Achte beim Schreiben nicht auf Rechtschreibung, Satzstellung oder Stil. Jetzt geht es darum, dir allen Ballast von der Seele zu schreiben. Nichts kann dabei so schlimm sein, als dass du dir selbst die Ohren davor verschließen müsstest. Und dich selbst zu geißeln und zu verurteilen, würde den Beichtenden in dir auch nicht zur Wahrheit ermutigen. Daher gilt: Wälze schwere Brocken von deinem Herzen, damit es umso freier schlagen kann.

Falls du ins Stocken gerätst, kannst du dich mit folgenden Fragen wieder in den Schreibfluss bringen: Was darf keiner wissen oder jemals erfahren? Für welche Gefühle und Gedanken schäme ich mich? Was kann ich mir selbst schwer verzeihen? Was habe ich noch niemals von mir preisgegeben? Welche Situation würde ich gern ungeschehen machen? Gibt es etwas, was ich aufrichtig bereue?

Nutze die Gelegenheit, alles ungeniert loszuwerden. Jedes Gefühl ist menschlich und damit bereits milliardenfach erfahren worden. Sonst gäbe es auch keine Wörter und Begriffe als Zeugen dafür.

Wo bittere Geheimnisse schlummern, befinden sich die süßen in unmittelbarer Schreibnähe. Nimm auch da kein Blatt vor den Mund: Wofür schlägt insgeheim dein Herz? Welche Träume und Wünsche hältst du versteckt? Gibt es eine Liebe, von der keiner etwas ahnt? Welche Sehnsüchte hältst du unter Verschluss? Gönn dir nach der Beichte eine Pause, steh kurz auf und schüttel dir deine Geheimnisse von Geist und Körper ab.

Part II: Der Beichtvater in mir

Im zweiten Part bist du der Beichtvater auf deinem Schreibstuhl. Löchere dich mit neugierigen Fragen, bis du die Beweggründe für dein Verhalten verstanden hast. Du kannst auch ein Interview mit dir führen, indem du auf die Fragen des Beichtvaters antwortest – mit langen oder kurzen Antworten. Aus den folgenden Fragen kannst du die für dich passenden als Leitfaden aussuchen.

Warum könnte ich so gehandelt haben? Wieso verurteile ich mich selbst? Warum schäme ich mich dafür? Was ist so schlimm an dem, was ich gedacht, gefühlt oder gemacht habe?

Und warum verrate ich keinem meine Wünsche und Bedürfnisse? Was hindert mich konkret daran?

In dieser Schreibrolle solltest du dich nicht bestrafen, sondern dich selbst zu verstehen versuchen und dich auf die Suche nach Erklärungen machen. Schreib dich an den Ursprung deiner Geheimnisse heran. Vielleicht hast du dich allein, missverstanden oder unglücklich gefühlt. Deine Träume und Wünsche fühlten sich womöglich zu verwegen an.

Überlege dir anschließend, wie du dir selbst die Absolution erteilen kannst, damit deine vermeintlichen Vergehen nicht so schwer auf dir lasten. Frag dich: Wie könnte ich mein eigenes Tabu brechen? Was ändern, damit ich mich weniger schuldig fühle? Wie könnte ich mir selbst verzeihen und annehmen, was passiert ist? Was könnte mir helfen, zu meinen süßen ebenso wie zu meinen bitteren Geheimnissen zu stehen?

Schuld, Scham und Scheu können sich in Verständnis, Wohlwollen und Verantwortung verwandeln – das konntest du als moderner und aufgeklärter Beichtvater unter Beweis stellen. Aber dahinter steckt noch viel mehr: Denn dir selbst zu verzeihen oder dich selbst zu verstehen löst viele innere Spannungen auf. Diese Art, dich zu betrachten, solltest du nicht nur anderen überlassen, dafür ist sie zu kostbar.

REISE IN DIE GEGENWART – DIE MOMENTE MEINES LEBENS

Deine Schreiblokomotive pfeift und zischt ungeduldig. Sie fordert dich auf, deine Schreibgesellen einzupacken, einzusteigen und dich langsam in dein Leben hineinzuschlängeln. Manchmal bleibt sie im Morast schwerer, unverdauter Gedanken stecken, um dich anschließend mit voller Kraft mitzunehmen: in dein Jetzt hinein. Mit dem Stift in der Hand skizzierst du vorbeifahrende Gedanken, Gefühle und Begegnungen, um an der nächsten Zwischenstation die Erkenntnisse, die du daraus ableitest, festzuhalten. Jedes Erlebnis wird so zu einer Einladung, dich neu, anders und unverschämt offen zu erfahren.

Achtsames Schreiben unterstützt dich darin, jedes Gefühl in seiner Tiefe zu erfahren, ohne dich daran festzubeißen oder von ihm fortgerissen zu werden. Das Jetzt führt dich durch die Jahreszeiten deiner Gefühle: Mal sind sie eisig und erstarrt wie der Winter, mal melancholisch und sentimental wie der Herbst, manchmal aber auch kraftvoll und intensiv wie ein heißer Sommer oder frisch und blühend wie der Frühling.

Freude, Trauer, Angst oder Schmerz – deine Emotionen bieten dir immer wieder Gelegenheiten, dich aus der Komfortzone routinierter Gedankengänge und Gefühlskarusselle herauszuschreiben. Du musst nichts hinnehmen und akzeptieren, was dich verletzt – selbst negativen Gedanken kannst du ein Stopp-Zeichen setzen.

Lass nicht zu, dass dein Herz Schaden nimmt. Je mehr du deine eigenen Gefühle nicht nur annehmen, sondern auch beeinflussen kannst, desto leichter wird es dir fallen, dich als Wort- und Seelen-Aktivist zu begreifen.

Momo, die Kinderfigur in Michael Endes bekanntem Roman *Momo*, lauschte dem Wächter der Zeit, Meister Hora, folgende Weisheiten ab: »Alle Zeit, die nicht mit dem Herzen wahrgenommen wird, ist so verloren wie die Farben des Regenbogens für einen Blinden oder das Lied eines Vogels für einen Tauben. Aber es gibt leider blinde und taube Herzen, die nichts wahrnehmen, obwohl sie schlagen.«

Der gegenwärtige Moment liegt in deiner Schreibhand – entdecke in ihm dein Herz, das du immer wieder ins Abenteuer trommelst. Du kannst die große Freiheit erleben, Gefühlen einen kreativen Rahmen zu geben, und sie erforschen, um dein Leben in Fluss zu bringen. Aus ihrer Energie formst du biografische Miniaturen, die du in deiner kleinen Schreib- und Schatzkiste aufbewahrst. Hin und wieder kommen auch unangenehme Gefühle zu Wort, damit du nicht verstummst oder platzt.

Deine Gefühle sind ein Spielplatz, auf dem du dich austoben und ausdrücken kannst. Damit du dich vom Gefühls-Gewimmel jedoch nicht kidnappen oder erpressen lässt, muss dein Herz souverän den Überblick behalten. Vielleicht beobachtest du, wie sich naturgewaltige Emotionen im Laufe weiterer Schreibübungen verwandeln: So kann sich Wut in Kraft umformen oder aus Trauer Zuversicht hervorgehen.

Die Übungen in diesem Teil sind so konzipiert, dass du die Energie deiner Gefühle nutzen kannst, um ins Schreiben zu kommen. Sie sind der Motor, der deine Schreiblokomotive sanft oder kraftvoll anschiebt. Du kannst deine positiven ebenso wie deine negativen Stimmungen nutzen, um sie in andere Bahnen zu lenken oder um sie einfach nur zu würdigen.

Die im ersten Teil vorgestellten Rewriting-Prinzipien »Glaubenssätze«, »Die authentische Stimme«, »Reframing« und »Loslassen« helfen dir, den Moment willkommen zu heißen, was auch immer er an Herausforderungen mit sich bringt. Und deine Schreibpersönlichkeiten klatschen vor Wortfreude bereits in die Hände, denn nichts ist spannender, als live dabei zu sein: wenn der Zorn auf der Palme sitzt, die Liebe aus allen Wolken fällt oder Schmetterlinge im Bauch flattern. Mögen

die Schreib- und Lebensabenteuer mit dir sein und dir viele
(Selbst-)Erkenntnisse bescheren.

Ich koche und schreibe – vor Wut

Du bist wütend: auf dich selbst, auf andere oder auf äußere
Umstände? Zu Recht oder Unrecht? Was auch immer sie ausgelöst hat – Wut verleiht dir sehr viel Energie, die du für dich
nutzen kannst. Also wohin mit ihr, dieser nur allzu menschli-
chen Emotion? Mithilfe von Worten kannst du sie kanalisieren,
damit sie für dich kämpft und nicht destruktiv wird. Heiße sie
daher erst einmal willkommen, ohne dass der Wut-Gaul mit
dir durchgeht. Denn zwischen gerechtem Zorn, der sich für die
eigene Wahrheit einsetzt, und blinder Wut, die nur auf Rache
und Zerstörung aus ist, sind die Grenzen oft fließend. Und genau diese zwei Seiten wirst du in der folgenden Schreibübung
kennenlernen, in der du Dampf ablassen und zugleich erfahren
kannst, was dir persönlich wichtig ist, was du dir nicht nehmen lassen willst oder was du verändern möchtest.

Wut – ick hör dir trapsen

Wenn du das nächste Mal richtig wütend bist, lass dich nicht
abschrecken von der Energie, die gerade in dir zirkuliert. Nutze
sie! Dreh eine kräftige Musik auf, wenn du dich an deinen
Schreibplatz begibst. Lass dich von ihr hochpeitschen, um
ordentlich in Stimmung zu kommen und Dampf ablassen zu
wollen.
Stell dir nun vor, dass deine Wut ein Mensch ist. Wie ist seine
Stimme, Statur und Mimik? Ist er eine imposante Erscheinung,

125

die einem Furcht einflößt? Oder ist er schweißüberströmt und ängstlich? Wenn die Gestalt durch dich zum Leben erweckt wurde, bring sie in Aktion. Wer oder was hat dich so verletzt, dass du zurückschlagen willst? Was möchte deine Wut am liebsten tun? Gegen wen richtet sie sich und aus welchem Grund? Hacke in die Tastatur oder drücke deinen Stift fest aufs Papier und fluche laut. Lass deine Wut brüllen, wüten und deine Welt zum Beben bringen. Die ganze ihr angetane Ungerechtigkeit kann sie in den Himmel schreien und dabei die Fäuste ballen und zum Kampf heben. Schreib, was auch immer dir einfällt, und höre nicht eher auf, bis jede Kleinigkeit ausgeschnaubt ist.

Blind vor Wut

Deine Wut verliert nun zunehmend ihr Augenlicht, bis sie vollständig erblindet ist. Sie schlägt noch immer um sich, trifft jedoch ins Leere oder erwischt den Falschen. Was könntest du zerschlagen, wenn du deinen Jähzorn ausagieren würdest? Wo könntest du nur noch rotsehen? Was könnte schlimmstenfalls passieren, wenn du martialisch wütest? Du kannst dich an ähnliche Situationen erinnern, in denen die blinde Wut dich eher schlecht beraten hat.

Der gerechte Zorn

Gut, dass der gerechte Zorn der blinden Wut zu Hilfe eilen kann. Beschreibe auch ihn als Gestalt. Was an ihm ist gerecht und gerechtfertigt? Inwiefern unterscheidet er sich von der blinden Wut? Ist der gerechte Zorn innerlich souveräner als sein blinder Freund, obwohl er für die gleiche Sache, sprich für dich, kämpft?

Beschreibe, welchen Auftrag er von dir übernehmen soll. Was ist dir wirklich wichtig, und was willst du dir nicht nehmen lassen? Welche persönlichen Grenzen sind überschritten worden? Und was hat dich so wütend gemacht, dass du eine Zeit lang nichts mehr sehen konntest? Aus welchen Umständen, von welchen Menschen oder persönlichen Glaubenssätzen möchtest du dich befreien, weil sie die Wut in dir schüren? Wie kann der gerechte Zorn deine eigenen Bedürfnisse erfüllen, ohne anderen zu schaden? Welche Interessen kann er um deinetwillen wahren? Welche Maßnahmen könnte er ergreifen, damit du nicht blind vor Wut, sondern dir selbst gerecht wirst? Sobald der gerechte Zorn seine Aufgabe erkannt hat, lass ihn gemeinsam mit der blinden Wut verrauchen. Schalte die Musik aus, wenn du es nicht schon getan hast, und betritt selbst die Bühne. Lass dich innerlich ruhig und bestimmt werden. Frag dich: Zu welchen Teilen war meine Wut gerechtfertigt? Worauf weist mich mein Zorn hin? Was wollten mir meine Wut-Freunde sagen? Vielleicht ist ein wunder Punkt in mir getroffen worden, der vor längerer Zeit entstanden ist. Wie wertvoll ist mir mein Frieden, und bin ich mutig genug, um für diesen notfalls auch zu kämpfen?

Das Gefühl der Wut entsteht meist nicht grundlos. Wie ein bedrohtes Tier faucht und kratzt man, weil man absichtlich oder unabsichtlich aufgeschreckt wurde. Ignorieren oder unterdrücken solltest du diese Energie in dir nicht, die Gefahr zu implodieren wäre zu groß. Erst wenn du selbst erkennst, was in dir getriggert wurde, kannst du deine Interessen durchsetzen, ohne vorher alles kurz und klein zu schlagen. Wütend zu sein schenkt dir dabei die nötige Kraft, um dein Leben zu ändern, neue Grenzen zu ziehen und sie notfalls auch zu verteidigen.

Die Ruhe nach dem Schreibsturm hast du dir nun mehr als verdient, und für den nächsten bist du gerüstet.

Ich bin so unglücklich – Die Alien-FAQ-Liste

Fühlst du dich gerade vom Unglück verfolgt? Dann lass dich von diesem miesepetrigen Stalker bloß nicht einschüchtern, selbst wenn du ihn gerade nicht verscheuchen kannst. Begib dich lieber unbeeindruckt an deinen Schreibplatz. Wie so manchem Wesen auf der Welt hält das Unglück gerade dir die Treue, selbst wenn du gern darauf verzichten würdest. Nur, sich einen anderen Zustand herbeizuwünschen lindert das eigene Unglück meist nicht. Im Gegenteil, man kann sich auch noch zusätzlich als Versager fühlen, weil man nicht dazu in der Lage ist, dankbar, glücklich und zufrieden zu sein. Daher darf dir das Unglück, wenn es sich doch eh gerade nicht vertreiben lässt, für diese Übung Gesellschaft leisten. So kannst du es mal näher studieren.

Die Aliens kommen

Für dieses Gedankenspiel erhältst du eigenartigen Besuch: von einem Außerirdischen, der eigens zu dir gesandt wurde, um mehr über die menschliche Natur zu erfahren. Mittlerweile haben die Aliens schon umfassende Studien über den Menschen erstellt, doch eines ist ihnen nach wie vor ein großes Rätsel: das Unglück. Und da sie dieses Elendsgefühl gerade an deiner Seite entdeckt haben, nutzt einer von ihnen die Gelegenheit, es bei dir zu erforschen.

Lass dich auf dieses extraterrestrische Schreibexperiment ruhig ein, denn mittlerweile bist du selbst in Alien-Kreisen bekannt für deine Schreib- und Fabulierlust. Mit deiner Hilfe wollen sie das Mysterium namens Unglück endlich verstehen. Jetzt steht der Alien-Gesandte vor dir, strahlt dich neugierig und hoffnungsvoll an und hält mit zittrigen Händen eine Tafel in der Hand: seine kleine FAAQ-Liste.

FAAQ – Frequently Alien Asked Questions

Nimm dir ausreichend Zeit, um die folgenden Fragen zu beantworten. Versuche so konkret wie möglich zu sein, und verwende Beispiele und Metaphern, damit der Gesandte den Ursprung deiner Stimmung so gut wie möglich nachvollziehen kann. Er fragt sich nämlich insgeheim, ob er dieses Gefühl nicht auch auf seinen Stern importieren soll, weil es auf der Welt so ein Megaseller zu sein scheint. Überzeugst du ihn? Lass dir von deinem Unglück die aussagekräftigsten Charakteristika soufflieren und horch genau hin:

- Was bedeutet es für dich, unglücklich zu sein?
- Woran erkennst du selbst, dass du in dieser Stimmung bist?
- Gehen körperliche Symptome damit einher? Welche Gedanken kommen immer wieder hoch?
- Wird man unglücklich geboren, oder hast du das Unglück irgendwo erworben?
- Willst du es loswerden, oder ist es dir sympathisch? Gibt es eine Medizin dagegen? Und wenn ja, welche ist das?
- Hat das Unglück auch positive Nebenwirkungen? Lohnen sich diese?
- Welche persönlichen Eigenschaften und Umstände sind günstig, um sich unglücklich fühlen zu können?

- Und schließlich: Kannst du uns eine kleine Anleitung geben, wie wir uns selbst richtig unglücklich machen und es für längere Zeit auch bleiben können? Gibt es dafür eine Art Geheimrezept?

Sobald du alle Geheimnisse deines Unglücks ausgeplaudert hast, beende die Übung. Du kannst stolz auf dich sein, weil du dich auf dieses Experiment eingelassen hast. Vielleicht hast du den Alien-Gesandten nicht überzeugt, das Unglück als neuen Gefühls-Exportschlager in seine Heimat zu verkaufen, und womöglich fühlst du dich nach wie vor unglücklich – aber du hast dich in deinen Eigenheiten betrachtet wie ein interessantes, melancholisches Gedicht.

Wer das Unglück studiert, kann das Glück umso besser erkennen. Wenn du das Unglück als vorübergehenden Gast akzeptierst und dich nicht dagegen auflehnst, kannst du auch diese Energie nutzen, weil sie mit Tiefe und Verständnis für das Leben einhergeht. Das Prinzip »Reframing« kann dir dabei helfen, weil du lernst, mit dem Unglücklichsein anders umzugehen. Dazu muss man kein neugieriger Alien sein, sondern nur ein mutiger Mensch, der in dunklen Gefühlen ein Licht anzündet, um sich daran für das Leben zu erwärmen.

Ich fühle mich einsam – der Fado meines Lebens

Die Portugiesen haben es erfunden, eines der schönsten Wörter der Welt: Saudade. Es beschreibt ein melancholisches Lebensgefühl, das warm und kalt zugleich ist. Im portugiesischen Chanson, dem Fado, entfaltet die Saudade ihre warme Schwermut, wenn von unerfüllter Liebe, Einsamkeit oder Schmerz gesungen wird. Im Fado küsst die Liebe zum Leben die Wunden, die aus dieser Sehnsucht entstanden und unbehandelt geblieben sind. Aber das sind nur Annäherungen an die Saudade, die nicht nur als besonders schön, sondern auch als unübersetzbar gilt. In der folgenden Schreibübung kannst du ein neues Wort entwickeln, das dein Verständnis von Traurigkeit, Wehmut oder sanfter Melancholie einfängt. Es hilft dir, achtsam mit deinen Stimmungen umzugehen, ohne sie gleich verändern zu wollen, nur weil sie ein Ziehen in der Brust verursachen. Was auch immer du unter diesem schmerzlichen Pochen verstehst, es kann dich mit dir selbst in Kontakt bringen, weil deine Sehnsucht zu dir spricht. An die Stelle von erzwungenen Motivations-Mantren tritt etwas anderes, weitaus Aufrichtigeres: eine Begegnung, die verwandelt, ohne den Anspruch darauf zu reklamieren.

Saudade

Du wirst nun zum Wortschöpfer, um die dunkle Nacht der Seele zu besingen. Schreib in die Mitte eines Blattes das Wort Saudade als Platzhalter für deine unübersetzbare Form von wehmütigem Ziehen in deiner Brust. Dann assoziiere frei und ohne dich durch gewohnte Denkkonzepte einzuschränken: Was bedeutet es für dich, einsam zu sein? Wenn deine Einsamkeit einen Geschmack hätte, welcher wäre das? Wonach duftet sie? Welche Attribute würdest du ihr geben? Was ist an ihr unübersetzbar, aber für dich spürbar? Wie fühlt sie sich für dich an? Gibt es eine Landschaft, die dieses besondere Gefühl widerspiegelt? Lass deine Fantasie spielen und schöpfe Wörter, Bilder, Gedanken aus dir selbst heraus. Mit jeder weiteren Assoziation webst du ein Netz auf dem Papier, um deine persönliche Saudade wie ein Schmetterlingsjäger einzufangen.

Entwickle im letzten Schritt auf Grundlage deiner Assoziationen ein Fantasiewort, das nur dir gehört und zu einem Ebenbild deiner Sehnsucht und Einsamkeit wird. Aus welchen Buchstaben würde es bestehen und warum aus ebenjenen?

Mein Fado

Hör dir, falls du möchtest, einen portugiesischen Fado an, den dein Herz auch ohne Dolmetscher versteht. Er dient dir als Auftakt, um deine Saudade-Wortneuschöpfung selbst in einem schwermütigen Fado zu besingen oder zu beschreiben. Nutze die Assoziationen, aus denen dein Wort entstanden ist, als Basis dafür und forme daraus ein Gedicht, eine kleine Geschichte oder einen Songtext. Wird es darin herzzerreißend, dramatisch oder voll zarter Poesie zugehen? Frag dich dabei: Warum fühle ich mich einsam? Wonach sehne ich mich? Welche Narben pochen gerade laut in mir? Entwickle eine für dich passende Form, um deine Tränen einzufangen und sanft zwischen den Buchstaben zu wiegen.

Melancholie, Wehmut oder sanfte Sehnsucht können viele Ursachen und Auslöser haben, doch letztlich sind sie einfach ein Teil des Lebens. Wer wirklich lebt, erfährt das ganze Gefühlsspektrum, weil an ihm nicht alles abperlt wie an einer Teflonpfanne. Du bist mutig in das Saudade-Gefühl eingetaucht und mit einem Fado an die Oberfläche gelangt. Eine Ode an die Seele ist entstanden, die jedem vertraut ist, der sich in die Tiefe traut.

Nicht mit mir! – Meine Nein-Kollektion

Es gibt sie immer wieder – die Geschenke des Lebens, die man annimmt, auch wenn sie einem nicht wirklich behagen. Innerlich bäumt sich ein Nein in einem auf, aber lächelnd breitet man die Arme aus. Unterdrückst du selbst oft ein Nein, obwohl es ehrlicher wäre als ein gequältes Ja? Wenn sich etwa Freunde und Familie beschweren, weil man in ihren Augen seinen Pflichten nicht nachkommt. Oder wenn die Gesellschaft implizit fordert, immer alles zu geben, der Norm zu entsprechen und zu einem weißen Schaf zu werden. Der eine möchte mit dir streiten, der nächste braucht mehr Aufmerksamkeit, ein anderer wiederum drängt auf Optimierung. Muss man immer zu allem Ja und Amen sagen? Nicht alles, was dir als eine tolle Chance oder als ein Geschenk verkauft wird, verdient deine Zustimmung. Du darfst auch aufbegehren, anstatt hinzunehmen, zu erdulden oder innerlich die Luft anzuhalten. Deine innere Autorität und deine authentische Stimme stärkst du, wenn du dir das Jasagen nicht vorschreiben lässt – auch von dir selbst nicht. Ein erstes und vorerst letztes Ja sollte allerdings der nächsten Schreibübung gelten. Gerade wenn es dir noch schwerfällt, schreibt es sich umso aufregender: dein Nein.

Ohne Nein kein Ja

Wecke den Krieger in dir, der mit dem Schwert seiner Urteilskraft und seines Willens das Ja von einem Nein scharf trennt. Dafür kannst du dir zunächst bestimmte Lebensbereiche überlegen, die auf unterschiedliche Weise ein Ja aus dir herauspressen wollen. Familie, Freunde, Arbeit, Ausbildung? Liste auf, was die unterschiedlichen Gruppen und Strukturen im Einzelnen von dir erwarten. Welche Pflichten sollst du jeweils in den einzelnen Kategorien erfüllen? Welche Rollen, ohne zu murren, spielen? Was wird verlangt und vorausgesetzt? Wo werden deine Talente, Fähigkeiten, Gedanken und Gefühle als Ressource ausgebeutet, weil es immer wieder heißt: Gib mir dein Ja dazu! Was möchtest du eigentlich nicht tun, obwohl du einwilligst? Wer oder was überschreitet mit seinem Anforderungskatalog regelmäßig deine Grenze zwischen Ja und Nein? Selbstzweifel, Ängste und eigene Bewertungen: Willst du ihnen unhinterfragt folgen? Rumort in dir eine innere Stimme, die dich immer wieder runterzieht mit lauter Anweisungen und pessimistischen Unkenrufen? Schreib auf, wo der Krieger in dir erwachen muss, um inneren und äußeren Stimmen mit einem Nein Paroli zu bieten.

Nein – mit aller Kraft voraus

Sobald du alle deine Lebensbereiche gründlich nach einem vielleicht zarten, aber klaren Nein durchforstet hast, kannst du mit deiner Nein-Kollektion beginnen. Betrachte jeden nach einem Nein durchforsteten Lebensbereich und schreib in Großbuchstaben und in greller Farbe dazu: »Nein, einfach so!«, oder: »Nicht mit mir, basta!« Liefere nur, wenn du willst, erklärende Kommentare dazu. Schließlich musst du dich nicht rechtfertigen. Keine Sorge, zum Nein-Messias wirst du schon nicht werden, und du sollst ja auch nicht gleich zur Tat schreiten. Außerdem geht es nicht darum, alles zu verneinen und mit Vetos den Boden zu pflastern, auf dem du stehst. Erlaube dir einfach nur, nicht immer gefällig zu sein, zu denken und zu fühlen. Du kannst dabei die Lust und Freude in dir stärken, die es mit sich bringt, nicht immer mit allem einverstanden sein zu müssen, ohne gleich Fronten zu bilden.

Beobachte, was währenddessen in dir passiert. Vielleicht kommen ambivalente Gefühle hoch, die Lust und Angst in dir auslösen. Wie kannst du Nein sagen und dazu stehen, ohne dich dafür mit einem schlechten Gewissen zu bestrafen? Wo wärest du bereit, Kompromisse einzugehen und dein Ja beizubehalten, selbst wenn es dir nicht ganz behagt? Wie andere über dein Nein oder Ja denken und sich dazu äußern würden, ist zunächst nicht relevant. Nicht mit mir!, heißt daher auch, den braven Ja-Sager zu einem unabhängigen Denker zu erziehen. Wer ein klares Nein formulieren kann, ist beim Ja ebenso ehrlich und verlässlich – sich selbst und anderen gegenüber. Gerade beim Schreiben kannst du dich darin üben, mal anders als erwartet über dich und andere nachzudenken und dich selbst nicht auf bestimmte Rollen festzulegen.

Denn je klarer du erkennst, was du nicht mehr willst, desto schneller entdeckst du im Umkehrschluss, was dir wichtig ist. Dabei kann sich dein Nein zu einem ersten bedeutsamen Ja zu dir entpuppen. Unbequem, authentisch und gelassen – wer würde zu so einer Nein-Weise nicht Ja sagen?

Übung

Insight: Nicht mit mir!

Zoe hat diese Übung genutzt, um sich über ihre Beziehung klar zu werden, die sie viel Kraft, Geduld und Verständnis kostet. Im Laufe der Zeit sind dabei ihre eigenen Bedürfnisse zu kurz gekommen, weil sie vor lauter Verstehen immer nur Ja zu ihrem Partner gesagt hat und nicht zu sich selbst. Als sie endlich den Mut hatte, schreibend zu sich zu stehen, ist aus den zahlreichen Neins ein mutiges Selbstbekenntnis hervorgegangen.

Was wird von mir erwartet?
Ich soll Motivator sein. NEIN, so viel Energie habe ich nicht. Ich soll diejenige sein, die Veränderungen vorschlägt, vorantreibt, ihnen hinterherläuft, auf sie wartet, sie ersehnt und erhofft, sie versucht wie Steuergelder einzutreiben, und dann, wenn es trotz aller erdenklichen Mühen keine Veränderung gab, soll ich genügsam die Traurigkeit des Lebens akzeptieren. NEIN, das funktioniert so nicht!
Ich soll akzeptieren, dass schöne Dinge im Leben – sei es, einmal im Jahr in den Urlaub zu fahren, in eine gemeinsame Wohnung zu ziehen, Ausflüge zu unbekannten Orten zu unternehmen, neue Kochgerichte auszuprobieren, einen Tanzkurs zu machen, Zukunftspläne zu schmieden, eine Weihnachtskarte zu erhalten, essen zu gehen und den Jahrestag zu zelebrieren – NICHT möglich sind. NEIN!

Absolut unmachbar. Unmöglich. NEIN; NEIN; NEIN; das sind die schönen Dinge des Lebens, auf die will ich nicht verzichten!

Wenn dann klar ist, dass es nichts wird mit irgendetwas, soll ich natürlich trotzdem süß und freundlich sein. NEIN, geht's noch?! Begehrenswert, aber bloß selbst nicht zu viel begehren, sondern lieber stoisch Wocheneinkäufe und Waschtage planen. NEIN, das ist doch komplett bescheuert …

Welche Rolle soll ich ausfüllen?

Freundin, Freundesersatz, Gesprächspartner, Ratgeber, Motivator. NEIN, da hab' ich keinen Bock mehr drauf. Ich bin doch nicht der Planer und der »An-den-Hintern-Treter«. NEIN, tritt dir doch selbst in den Hintern!

Was wird verlangt und vorausgesetzt?

Ich soll alles stoisch ertragen und dann mit einem Fingerschnipp fröhlich sein. NEIN, wer mir nichts gibt, hat auch nicht das Recht, etwas zu fordern.

Wo werden meine Talente, Fähigkeiten, Gedanken und Gefühlen als Ressource ausgebeutet?

Meine Geduld, was Veränderung und die Suche nach Freude angeht, wird ausgenutzt. NEIN, das tut zu weh. Mein Verständnis für die Situation des anderen. Meine Fähigkeit, mich so sehr in den anderen hineinzuversetzen, dass ich verdränge, was mir selbst wichtig ist und was mich am Leben erhält. NEIN, das kann ich so nicht mehr machen und leben.

Was möchte ich nicht tun?

Ich will mich nicht damit abfinden, dass mein Leben eine zähe Abfolge von Nichtigkeiten ist, ohne Freude, ohne etwas Neues, ohne Lachen, ohne Unsinn, ohne Perspektive. NEIN, so ist das Leben nicht lebenswert.

Wer oder was überschreitet mit seinem Anforderungskatalog zunehmend meine Grenze von Ja zu Nein?

Mein Partner: Durch seine Unfähigkeit zu handeln bin ich gezwungen, Stillstand mit einem Ja zu beantworten. NEIN, ich bin zu nichts gezwungen.

Wo der Krieger in mir erwachen muss, um inneren und äußeren Stimmen mit einem Nein Paroli zu bieten:

Bei allem, was mich einengt und mir Energie raubt.

Ich bin so ein Loser – Nebenwirkungen eingeschlossen

Liebstes zu verlieren, in entscheidenden Momenten zu versagen und sich von seinen Wünschen und Vorstellungen verabschieden zu müssen: Das alles zählt vermutlich nicht zu den Lieblingsbeschäftigungen der Menschheit. Wer will schon ein Loser sein? Dem Versagen kann man selten etwas Gutes abgewinnen, vor allem nicht, wenn man selbst davon betroffen ist. Doch wer sagt eigentlich, dass immer alles glatt und reibungslos verlaufen muss? Vermeintliche Misserfolge sind an sich nicht tragisch, solange du dich selbst deswegen nicht infrage stellst. An ihnen kannst du erkennen, dass es auf diese Art eben nicht funktioniert. Das Ziel ist verfehlt, aber nicht du selbst bist fehlerhaft. Daher lautet die Devise: Weg mit dem Gefühl, dir selbst die Lebenssuppe versalzen zu haben.

Die Wunderpille gegen das Versagen

Nimm dir an deinen Schreibplatz Bonbons, Pastillen oder Kaugummis mit – was auch immer dir besonders gut schmeckt. In der nächsten Übung wirst du zu einer Versuchsperson, an der ein neuartiges Präparat getestet wird. Mit der Einnahme des Medikaments werden genau jene Gedankengänge und Handlungsmuster blockiert, die zum Gefühl des Scheiterns führen, weil die Innovationspille ebenjenes Gehirnareal deaktiviert. Was auch immer du tust, das Gefühl, zu versagen, wirst du nicht mehr spüren. Nie mehr zu versagen, zu scheitern oder Enttäuschungen zu erleben – das klingt nach der Erfolgsdroge der Zukunft. Den Forschern ist jedoch noch unklar, welche Nebenwirkungen mit dieser neuen Sichtweise einhergehen. Du bist nun dazu eingeladen, im Eigenversuch mögliche Nebenwirkungen festzustellen und aufzuschreiben.

Bereite dich vor, den Beipackzettel für die verheißungsvolle Anti-Loser-Arznei zu entwerfen, indem du dir deine kleine mitgebrachte Süßigkeit schmecken lässt und dir vorstellst, sie sei die besagte Wunderpille. Folgende Fragen können dich bei dem Gedankenexperiment unterstützen: Wie wäre deine Welt, wenn du nicht scheitern könntest? Wenn alles, was du tust, ausschließlich als positive Erfahrung von dir interpretiert werden könnte? Würdest du dich besser fühlen, wenn Misserfolge nicht mehr möglich wären? Was wäre anders in deinem Leben, wenn in dir nie wieder ein Loser-Gefühl aufkäme? Blick auch zurück: Inwiefern hat das Gefühl, versagt zu haben, dein Leben bereichert oder eingeschränkt? Was hat dich der Verlust gelehrt? Was hättest du selbst nie erkannt, verändert oder erfahren? Und auf welche positiven Gefühle müsstest du fortan verzichten, wenn die Pille wirken würde? Bräuchtest du beispielsweise noch Mut, Vertrauen oder Kraft? Hättest du noch den Wunsch, dich weiterzuentwickeln und auszuprobieren?

Erweitere nun deinen Radius und frag dich, worauf die Menschheit verzichten müsste, wenn ihr das Gefühl, scheitern zu können, abhandenkäme. Was wäre, wenn kein Mensch sich je mehr dem Loser-Sein aussetzen müsste? Womöglich müssten bestimmte Lebensbereiche, Menschen und Strukturen nicht mehr hinterfragt oder verändert werden – wäre das hilfreich für uns?

Notiere dir nun alle erdenklichen Risiken und Nebenwirkungen. Die Wissenschaft ist nur allzu interessiert an deiner persönlichen Empfehlung. Würdest du in Kenntnis der Nebenwirkungen dazu raten, die Pille für alle zugänglich zu machen? Würde die Welt dadurch zu einer besseren werden?

Eine Medizin gegen das Scheitern ist noch nicht erfunden worden. Unsere Vorstellungen und Erwartungen werden also immer wieder mit der inneren oder äußeren Realität kollidieren. Nur wird der Schmerz umso größer, je mehr du dich dafür verurteilst. Viel einfacher wäre es, stattdessen lieb gewordene Vorstellungen über sich und die Welt loszulassen. Bist du ein Verlierer oder ein Gewinner? Es hängt von deiner eigenen Interpretation ab, wie du im Rewriting-Prinzip des Reframings erfahren konntest. Nicht das Scheitern ist das Problem, sondern deine eigene Bewertung. Um diese zu verändern, brauchst du keine Wunderpille – nur die Akzeptanz deiner selbst.

Ich bin so unschlüssig – kleine Fee, was tun?

Will ich lieber A oder B oder doch lieber C? Entscheidungen zu fällen ist nicht immer leicht, weil man nie wissen kann, ob sie auch wirklich die besten sind. Loswerden oder ignorieren kann man sie allerdings auch nicht: Tag für Tag stehen sie frühmorgens schon in den Startlöchern und quälen müde Geister mit ersten trivialen Fragen: Duschen oder lieber erst Kaffee machen? So unwichtig diese auch sein mögen, so aufreibend sind die existenzielleren. Will ich umziehen, die Arbeit wechseln, einen Partner finden oder den, den ich habe, verlassen? Möchte ich meinem Kopf folgen oder lieber auf mein Herz hören? Soll ich es wirklich machen, oder lass ich es lieber sein? Fragen über Fragen, die Argumente dafür und dagegen nach sich ziehen, bis am Ende nur eins gewiss ist: dass nichts gewiss ist. Eine Entscheidung aufzuschieben kostet dich jedoch sehr viel Kraft, weil nichts wirklich vorangeht und du in einer emotionalen Warteschleife festhängst. Das Pro-Kontra-Pingpong ist zwar sehr erschöpfend, doch im Außen ist nichts davon sichtbar, da kein Entschluss umgesetzt ist. Und leider gibt es keine Alternativleben, in denen man unterschiedliche Möglichkeiten erproben könnte, um sich danach für die beste Option zu entscheiden. Was also tun? In der nächsten Schreibübung bekommst du Hilfe von einer kleinen Fee, die sich von deiner Ambivalenz nicht einschüchtern lässt.

Wundersame Fee

Es ist gerade ein Wunder geschehen, nur leider ist es dir entgangen. Während du damit beschäftigst warst, dir über weitreichende, dramatische oder eher banale Entscheidungen den Kopf zu zerbrechen, hat sich eine kleine Fee in dein Herz geschlichen. Sie hat sich auf ihm ausgestreckt, und ihre Flügel hoben sich sacht im Rhythmus seines Schlagens. Von dort aus lauschte sie deinen Gedanken, hörte dich unablässig argumentieren und sah deine Gefühle im Zickzack flattern (deine Unentschlossenheit sorgte für Unruhe). Und obwohl dein Herz deshalb so viel zu stemmen hatte, war es der kleinen Fee ein guter Gastgeber. Zum Dank für diese großzügige Geste flüsterte sie ihm einen Zauberspruch zu: »Welche Entscheidung du auch triffst, sie wird für dich immer die richtige und zu deinem Besten sein. Selbst wenn du dich entscheidest, dich nicht zu entscheiden. Ab heute wirst du keine Fehler mehr machen oder schlechte Entscheidungen treffen. Sie alle werden sich in Erfahrungen verwandeln.« Mit diesen letzten Worten hat sie die Flügel ausgebreitet und ist zurück in eine Welt geflogen, in der Träume wahr werden.

Jede Entscheidung ist gut

Stell dir, selbst wenn du nicht an Wunder glaubst, für den nun folgenden Schreibmoment vor, wie die magischen Feen-Worte zu wirken beginnen. Woran würdest du erkennen, dass dieses Wunder eingetreten ist? Begib dich auf die Suche nach jedem noch so kleinen Detail, hinter dem die Veränderung hervorblitzen würde. Welche Entscheidung könntest du leichter treffen, wenn sie niemals falsch, sondern im Gegenteil für dich gerade gut und wichtig so wäre? Wie würdest du dich fühlen, wenn der Druck, eine Wahl treffen zu müssen, auf einen Schlag weg wäre? Welche vermeintlich falschen Entschlüsse würden sich plötzlich in Erfahrungen verwandeln und aus welchem Grund? Wie würdest du denken, fühlen und handeln, wenn es nach jeder Entscheidung heißen würde: Einwandfrei? Liste so detailliert wie möglich die wundersamen Veränderungen auf, die mit dem Zauberspruch einhergehen: Wie würdest du sprechen, essen, gehen oder schlafen? Wofür hättest du nun Zeit, weil du nicht mehr mit dir ringen müsstest? Lass das Wunder weite Kreise ziehen: Freunde, Familie oder Kollegen – was wäre anders im Umgang mit ihnen? Welche erstaunliche Veränderung könnten sie an dir entdecken? Genieße das Gefühl, das dir die Fee geschenkt hat – und sei es auch nur für diesen Augenblick. Lass deinen Blick abschließend über deinen Schreibplatz schweifen. Was fällt dir ins Auge? Verbinde mit genau diesem Gegenstand deine eigene Vorstellung von der Zauberfee. Und wenn du wieder einmal unentschlossen bist, schau diesen Gegenstand an und erinnere dich daran, dass die Fee einst ausgeschwirrt ist, um dich zu erinnern, dass dich jede Entscheidung weiterbringt. Ambivalenz hingegen kann dir viel Energie rauben, ohne dass du wirklich an Erkenntnis gewinnst. Du wirst

nicht wissen, ob eine Entscheidung gut oder schlecht ist, solange du ihre Konsequenzen nicht spürst. Und solltest du da-
nebengelegen haben, kannst du mit jeder nachfolgenden Handlung den Kurs ändern oder in eine neue Verhandlung gehen.
Meistens bereut man nicht das, was man getan hat, sondern
das, was man unterlassen hat. Egal, ob du für A, B oder C vo-
tierst – genieße deine Entscheidungen. Sie halten dich auf Trab
und sorgen für Bewegung.

Ich bin ungeliebt – der Love Think Tank

Liebe – eines der schönsten Gefühle der Welt. Es gibt kaum je-
manden, der sich nicht danach sehnt, dafür kämpft und mit der
Liebe anbandeln will. Lieben und geliebt werden – wer sich
diesen paradiesischen Zustand herbeiwünscht, gibt sich bisweilen mit faulen Kompromissen zufrieden. Wenn man nicht
den ganzen Kuchen haben kann, nimmt man eben vorlieb mit
Liebeskrümeln. Aber machen die auf Dauer wirklich satt? Manche kapitulieren auch vollständig und überlassen anderen Liebenden das Feld. Doch lebt es sich glücklich als Liebes-Asket?
Von welcher Seite auch immer du das Phänomen Liebe betrachtest, eins ist klar: Eine Welt ohne, mit zu wenig oder falsch
verstandener Liebe klingt nicht besonders verheißungsvoll.
Für den Fall, dass du dich gerade ungeliebt fühlst, weil der
Liebeskummer dich plagt oder die Liebesmomente in deinem
Leben rar gesät sind – Kopf hoch! In der folgenden Übung wirst
du zu einem Love Think Tank eingeladen – und zwar von der
Liebe höchstpersönlich.

Liebe – wo bist du nur?

Als die Liebe auf die Welt kam, vergaß sie in ihrem Über-schwang, dass sie zwar über den Wolken grenzenlos ist, doch nicht unter den Menschen. Hier auf Erden wird um sie ge-feilscht, gelitten und gekämpft, als sei sie eine begrenzte Res-source. Sie wird vorenthalten und an Bedingungen geknüpft. Als Ergebnis davon fühlen sich viele ungeliebt, und obwohl genug Liebe da ist, wird bewusst limitiert. So hatte sie sich das nicht vorgestellt. Da sie aber selbst nicht weiterweiß, startet sie mit dir nun einen Workshop zum Thema »Ressource Liebe«.

Du sollst dafür zwei Perspektiven einnehmen, um auf Spuren-suche zu gehen. Als Erstes wird die Liebe mit ihrer Schatten-seite, »der fehlenden Liebe« in Verbindung treten.

Nur wer die Liebe kennt, kann auch das Gegenteil davon emp-finden. Du bist daher alles andere als falsch gepolt, wenn du die Liebe vermisst, sondern befindest dich in einem Zustand, der vielen nur allzu vertraut ist. Schreib daher sehr frei und ehrlich über dieses Gefühl in dir drin und trau dich, Position zu beziehen. Folgende Fragen können dir helfen, die fehlende Liebe in dir zum Sprechen zu bringen. Wähle einige aus, die du beantworten möchtest: Wie fühlt es sich an, ungeliebt zu sein? Welchen Mangel empfinde ich dabei? Was hat ihn in mir ausgelöst? Und wie versuche ich ihn zu kompensieren? War-um fühle ich mich ungeliebt? Wie versuche ich, das unange-nehme Gefühl auszublenden? Was ärgert mich dabei? Wem oder was werfe ich vor, das Gefühl in mir ausgelöst zu haben? Wie verhalte ich mich, wenn ich mich in der Liebe zu kurz gekommen fühle? Wann fühle ich mich besonders benach-teiligt?

Unerschöpfliche Ressource – das bedingungslose Liebeseinkommen

Wenn die fehlende Liebe ihr Herz ausgeschüttet hat, darf sich auch die vorhandene Liebe mitteilen und einen Schritt auf ihre Schattenseite zugehen. Auch dabei können dich Fragen unterstützen, von denen du wieder die für dich passenden auswählen kannst: Was bedeutet für mich Liebe? Woran würde ich sie erkennen? Glaube ich und vertraue ich ihr? Was wäre mein Leben ohne die Liebe? Von wem hätte ich mir mehr oder eine andere Form von Liebe gewünscht? Wenn ich mich immer geliebt fühlen würde, wie würde ich mich verhalten, was würde ich empfinden und denken? Gibt es eine Botschaft oder eine Geste, die ich mir direkt von den Liebes-Stellvertretern auf Erden, sprich Eltern, Geschwistern, Partnern oder Freunden, gewünscht hätte oder wünschen würde? Wie könnte ich mir selbst die Liebe geben, die andere mir vorenthalten haben? Manchmal kann es helfen, auch ungeliebte Gefühle anzunehmen, gerade wenn sie nicht zu den *most wanted feelings* zählen.

Beobachte, wie sich langsam dein Gefühl verändert, und beende in Ruhe die Übung. Vielleicht magst du zukünftig einen regelmäßigen Termin mit dir vereinbaren, wo die Liebe in dir frei floaten darf. Solange du dich nach ihr ausrichtest, entkoppelst du dich nicht von deiner Sehnsucht. Wäre es nicht revolutionär, wenn du die Liebe nicht mehr als begrenzte Ressource betrachten würdest? Wenn du sie in dir kultivieren könntest, vollkommen frei und losgelöst von allzu harten Bedingungen? Verständnis, Wohlwollen und Liebe um der Liebe willen – wenn du dir selbst so begegnest, braucht deine Schattenseite ihren liebenden Gegenpart nicht mehr zu suchen, sondern findet ihn. Denn wo Schatten ist, muss die Sonne ganz nah sein.

Übung

Insight: Love Think Tank

Ben ist unglücklich verliebt. Er liebt und begehrt, aber das Gefühl bleibt unerwidert. Daher schreibt er einen Brief an die Liebe, um sich zu beschweren. Ob es zur Aussöhnung kommt, erfährst du in seinem ironisch-ehrlichen Zwiegespräch mit der Liebe.

Hallo Liebe,
heute bekommst du einen Brief von mir, denn ich habe die Schnauze gestrichen voll. Was bildest du dir eigentlich ein? Was gibt dir das Recht, mich so arg zu verletzen?
Kannst du dich vielleicht endlich mal entscheiden, was du von mir willst?! Entweder lässt du mich endlich in Ruhe, oder du sorgst gefälligst dafür, dass sie mich liebt.
Und nein, ich rede nicht von der fürsorglichen, freundschaftlichen und familiären Liebe, davon hab ich genug. Und ich bin dir sehr dankbar dafür. Ich meine die leidenschaftliche, die feurige Liebe. Warum hast du mir diese Frau vor die Nase gesetzt und mich in sie verliebt gemacht, wenn sie mich einfach nicht zurücklieben will, kann, was auch immer? Im Grunde finde ich es auch gar nicht so verwunderlich, dass das so ist, denn jedes Mal, wenn ich sie sehe, fängst du – Liebe – an, mir auf dem Kopf herumzutanzen, und schüttelst und rüttelst mir den ganzen Körper durch, bis ich keinen klaren Gedanken mehr

fassen kann. Alles, was ich dann zustande bringe, sind debile Wortbrocken, aber ein schönes Gespräch führt man so nicht.

Sobald sie mir ein bisschen zu nahe kommt, fängst du – Liebe – an, wie wild auf meinem Herzen zu trommeln, bis mir das Blut fast kocht, sodass ich es in den Ohren schon rauschen höre. Ich werde rot und fange an zu schwitzen. Gerade, dass ich nicht ohnmächtig werde. Besser wird es erst, wenn ich wieder etwas Land gewinne.

Wie das wirkt und wie ich dabei aussehe, möchte ich gar nicht wissen!! Näherkommen tut man sich so sicher nicht. Wenn ich mit ihr verabredet bin, fängst du – Liebe – schon Tage vorher an, meine Sehnsucht mit fetten Happen Aufregung zu füttern. Mit dieser ganzen Aufregung im Bauch schläft es sich nur schwer. Und wenn wir uns dann endlich sehen, bin ich so erschöpft, dass ich nicht mehr kann und im Sitzen einschlafe. So hinterlässt man doch keinen guten Eindruck! Jeden Tag fängst du – Liebe – meine Gedanken aufs Neue ein und jagst mit ihnen auf und davon. Zu ihr. Mir bleibt nur, mit leerem Kopf in der Gegend herumzugrinsen. Ganz zu schweigen von all den vielen Stolpersteinen, die im Weg liegen, wenn man nicht Herr seiner Sinne ist. Und jede Nacht reichst du – Liebe – mir erneut die Hand und bringst mich zu ihr. Gemeinsam weiten wir den Traum, bis ich sie sehen kann – egal, wie weit fort sie auch ist. Gemeinsam wachen wir über ihren Schlaf – egal, bei wem sie auch liegt. Nichts wünsche ich mehr, als dass ihre Nächte traumbunt und weich und ihre Tage erfüllt und glücklich sind. Ich möchte, dass sie lacht den ganzen Tag. Und du – Liebe – weißt das genau und hast es dir schön gemütlich gemacht bei mir, denn hier fällt ordentlich was ab für dich. Verhungern wirst du garantiert nicht. Ganz im Gegenteil – täglich schön sattgefuttert kannst du dich wohlig auf die Unendlichkeit freuen.

Manchmal denke ich, du meinst es eigentlich gut mit mir. Hast halt eins der beiden Herzen verfehlt, sowas soll ja vorkommen. Nur ich muss es jetzt halt ausbaden. Aber was soll's. Irgendwie mag ich dich und hab mich an dich gewöhnt. Und auch wenn sie niemals kommt, allein bin ich nicht. Denn du – Liebe – bist und bleibst bei mir.

Eifersucht und Neid – mit neuem Image zu verkaufen!

Oft schleichen sie sich unbemerkt an. Durch kleine, bissige Kommentare, abschätzige Blicke oder hitzige Gedanken. Dann braucht der Nachbar nur das Grün seines Rasens zu loben, und man wird gelb vor Neid. Gerade, wer sich mit anderen vergleicht, lockt sie aus der Reserve. Und plötzlich ist man alles andere als großzügig, im Gegenteil, man brütet jede Menge kleinherziger Gedanken aus. Es gibt übersäuerte Gefühle, die einem weder bei sich selbst noch bei anderen gefallen. Heiße sie dennoch willkommen: die Eifersucht und den Neid!

Wenn du selbst hin und wieder zu diesen Gefühlen neigst, weil deine beste Freundin den Traumprinzen gefunden, dein Kollege ein höheres Einkommen oder das Glück nicht dich, sondern deinen Nachbarn geküsst hat, gibt es nur eine Strategie, um diese Empfindungen in angenehmere zu verwandeln: Lass dich von deiner Eifersucht und deinem Neid motivieren, Entscheidendes in deinem Leben zu verändern. Sie zeigen dir, was du dir selbst auch wünschst oder was dir fehlt. Diese Energie kann zu einem kraftvollen Motor werden, bei dem selbst dein Neid blass wird. Werde in der folgenden Übung zu einem Marketingexperten, der für Eifersucht und Neid ein neues, attraktiveres Image entwerfen soll, damit nicht nur die mürrische Stiefmutter oder der Neidhammel von ihnen profitiert. Präsentiere diese biestigen Gefühle von ihrer besten Seite und lass, wie ein beschlagener Werbeprofi, die kleinen Schwächen außen vor.

Eifersucht und Neid – die USPs

Im Marketingjargon bezeichnet man die einzigartigen Merkmale und Qualitäten eines Produkts als USPs, *unique selling propositions*. Genau diese werden dir helfen, Eifersucht und Neid mit einem überzeugenden Image aufzuladen und damit entsprechende Begehrlichkeiten zu wecken. Befrage dich zu diesem Zweck ganz offen: Warum bin ich selbst eifersüchtig oder neidisch? Wie denke, handle und fühle ich, wenn ich mich mitten in einem durch diese Empfindungen ausgelösten Gefühlssturm wiederfinde? In welchen Situationen kommen beide Gefuhle oder eins davon besonders stark zur Geltung? Mit welchen Gedanken befeuere ich sie, selbst wenn sie mir unangenehm sind? Gibt es Momente, in denen ich besonders empfänglich bin für Eifersucht oder Neid? Versuche ich diese Gefühle eher zu verheimlichen und aus welchem Grund? Woran erkenne ich sie bei anderen, und was löst das bei mir aus? Wie fühle ich mich in der Gegenwart missgünstiger Menschen?

Neues Image, neue Chance zu mehr Popularität

Hast du einige besondere Eigenschaften und Umstände dieser Gefühle herausgefiltert? Dann kannst du Eifersucht und Neid nun so ehrlich wie möglich vermarkten – und zwar vor dir selbst. Ihr Image kann sich nur verändern, wenn du deinen eigenen Blick auf sie veränderst. Helfen könnten dir dabei diese oder ähnliche Fragen: Wie könnte ich das Beste aus Neid- und Eifersuchtsgefühlen machen? Wozu können sie mich inspirieren? Auf welche Bedürfnisse und Wünsche können sie mich hinweisen? Was steckt hinter ihrer rauen Oberfläche? Gäbe es einen Weg, mich mit ihnen anzufreunden? Welches Selbstbild könnte mir helfen, Neid und Eifersucht nicht mehr als peinlich oder verurteilungswürdig zu interpretieren? Welchen einzigartigen USP kann ich in ihnen entdecken? Und wenn andere neidisch oder eifersüchtig auf mich sind: Gibt es eine konstruktive Art, damit umzugehen?

Beende die Übung, sobald du den Eindruck hast, in Frieden mit diesen Gefühlen sein, und wenn auch nur für einen kurzen Moment. In dem Augenblick, wo dich Eifersucht und Neid weniger verunsichern, ist der Imagewandel bereits gelungen. Sie können für dich zum Kompass werden, der zwar negativ gepolt ist, dir aber dennoch zeigt, was du dir eigentlich wünschst, was dir vielleicht noch fehlt und wie wichtig dir dein eigenes Glück ist. Doch vergiss dabei nicht: Jeder hat andere Ausgangsbedingungen im Leben, daher sollte man sich am ehesten an sich selbst messen. Wie warst du vor einem Jahr, und wie bist du heute? Was hat sich aus deiner Sicht verbessert? Solche Fragen beziehen sich mehr auf dich und deinen eigenen Wert, der sich nicht durch fremde Augen erkennen lässt.

Und wenn du dich doch mal mit anderen vergleichen willst, dann tu das nur, um dir dadurch Auftrieb zu holen und dich zu neuen Erfahrungen ermutigen zu lassen. Glück, Liebe, Erfolg: was ein anderer sich zugesteht, darfst du dir auch erlauben. Dafür musst du nicht mal ein Werbeprofi sein, sondern nur im Reinen mit dir selbst – und allen Gefühlen, die zu dir gehören.

Einmal abgrenzen, bitte – Die Virusfalle schnappt zu

Wetterfühligen ist dieses Phänomen bekannt: Das Wetter schlägt um, und plötzlich schmerzt der Kopf, die Glieder werden unruhig oder alte Narben aktiv. Wüssten sie nichts von ihrer Sensibilität, würden die Betroffenen die Ursache für diese Symptome womöglich bei sich selbst suchen und denken, sie würden krank. Ähnlich geht es auch Menschen, die im emotionalen Bereich sehr sensibel sind. Sie nehmen in ihrem Umfeld häufig Energien wahr, die robuster gestrickte Charaktere gar nicht mitbekommen. Das Problem beginnt dann, wenn die fremden Energien und Emotionen die eigenen beeinflussen oder gar überdecken und wir uns irgendwann wundern, wieso wir plötzlich so niedergeschlagen oder schlecht gelaunt sind. Für solche Fälle ist es gut, sich ein wenig im Abgrenzen zu üben und schlechte Einflüsse zu meiden. Ganz so, wie wir in Erkältungszeiten oder wenn wir uns schlapp und kraftlos fühlen, auch Orte meiden, in denen die Virendichte hoch und die Ansteckungsgefahr damit besonders groß ist.

Hier kannst du nun üben, dich abzugrenzen, um dir nicht mehr alles zu Herzen zu nehmen, was andere empfinden und ausdrücken. Du musst dich nicht kontaminieren lassen von schlechten Gedanken und trüben Einflüssen. Wie bei einer Erkältung kannst du schlechter Stimmung oder überzogener Jammerei vorbeugen, indem du von der Virenschleuder Abstand hältst.

Emotionale Viren – Achtung, Ansteckungsgefahr

Du wirst nun ein kleines Präventionsprogramm zum Thema Abgrenzung entwerfen. Es kann dir helfen, in akuten Abgrenzungsnöten eine passende Antwort parat zu haben oder anschließend eine neue Vorgehensweise zu entwickeln, die dich besser schützt.

Überlege dir dafür, bei wem oder wobei du dich schlecht abgrenzen kannst. Pick dir hier die Fragen heraus, die auf dich zutreffen und wo du dich wiedererkennst: Wie reagierst du üblicherweise, wenn deine Freunde über ihr schweres Los klagen, Familienmitglieder schlechter Stimmung sind oder dein Umfeld voller Stresshormone ist? Welche Veränderung nimmst du an dir wahr? (Manche Menschen werden plötzlich traurig, weil der Schmerz in den Augen anderer den eigenen aktiviert, oder sie tragen – unbewusst – den Kummer von ihnen lieben Menschen als zusätzlichen Ballast mit sich herum.) Wie lässt du dich konkret beeinflussen? Übernimmst du womöglich die schlechte Laune, auch wenn du selbst eigentlich guter Stimmung warst? Es können dich auch fremde Personen anstecken, in der U-Bahn, auf der Straße. Spürst du, wenn du unterwegs bist, wie sich die Hektik in dich hineinbohrt? Wie fühlst du dich, wenn jemand dein Lächeln nicht erwidert oder eine freundliche Geste von dir mit Ignoranz straft? Passt du dich der kalten Stimmung deines Gegenübers an, indem du deine eigene wie ein Barometer in den Minusbereich rutschen lässt? Wenn du selbst dein Glück in die Welt trällern willst und andere gerade weniger zufrieden sind, hältst du dir den Mund zu? (Oft verwechseln wir Mitgefühl mit Mitleid und glauben, nicht anders fühlen, denken und handeln zu dürfen als der direkt Betroffene. Wir haben Angst, es könnte sich sonst eine Barriere zwischen ihm und uns errichten, oder wir würden teilnahmslos wirken.) Bei welchen Menschen und in welchen Situationen ist die emotionale Ansteckungsgefahr bei dir besonders groß? Wann dimmst du dein eigenes Licht, damit es andere nicht blendet? Sobald du all diese Viren identifiziert hast, kannst du dein Präventionsprogramm ausarbeiten.

Präventionsprogramm

Über dein kleines Programm kannst du emotionale Viren schneller erkennen, ihre Gefahr einschätzen und entsprechende Vorsichtsmaßnahmen treffen. Bestimmte Sätze und eine geschärfte Wahrnehmung können dir helfen, dich besser von negativen Energien außerhalb deiner selbst abzugrenzen. Was könntest du deinen Freunden beispielsweise entgegnen, um deine eigenen Gefühle nicht zu verraten? Wie könntest du dein eigenes Wohlbefinden erhalten, auch wenn andere gerade mit sich zu kämpfen haben? Welche Möglichkeiten findest du, bei dir zu bleiben und dennoch ein offenes Ohr und Herz für diejenigen zu haben, die ihrem Leben gerade unversöhnlich gegenüberstehen? Regulierst und relativierst du dein eigenes Glück? Was könntest du dir selbst in solchen Momenten sagen? Welche Konsequenz befürchtest du, wenn du nicht zu einem Kaltblütler wirst, der sich an die Außentemperaturen seiner Umgebung emotional anpasst? Wie könntest du dich besser abgrenzen von Miesepetern und Weltpessimisten? Überlege dir eine pragmatische Handlungsweise, um dich nicht anstecken zu lassen von fremden Ängsten, Zweifeln und Unsicherheiten. Wessen Gesellschaft oder welche Umgebung fördert deine Schwächen mehr als deine Stärken? Manchmal ist es empfehlenswert, diese Personen einfach zu meiden oder bestimmte Themen schlicht nicht mehr anzuschneiden, um sich selbst nicht entmutigen zu lassen.

Auch wenn du nur einige bedeutsame Aspekte für dein Präventionsprogramm herausgearbeitet hast, kannst du stolz auf dich sein. Gerade am Anfang erfordert Abgrenzung sehr viel Mut, Achtsamkeit und Aufrichtigkeit. Du musst nun nicht gleich zur Tat schreiten, aber innerlich kannst du dich bereits distanzieren von einer Umgebung, die dein eigenes Herz angreift. Wenn du dich zu sehr von außen bedrängen, überreden oder entgrenzen lässt, wirst du dir selbst nicht gerecht. Aber du bist kein Virenauffanglanger. In letzter Konsequenz sollte es für dich keinen wichtigeren Menschen als dich selbst geben. Das heißt nicht, dass du mit deinen Lieben nicht mitfühlen und alles meiden sollst, was dich negativ beeinflussen könnte. Geteiltes Leid kann halbes Leid sein – nur nicht, wenn es deine eigene Energie frisst. Sich mit dem Leid als solchem zu solidarisieren hilft schließlich keinem.

Zum Glück ist nicht jeder emotionale Virus gefährlich. Manche stecken dich mit ihrem Optimismus und guten Gedanken an. Mit der Zeit wirst du dich selbst sensibilisieren für deine Grenzen, die freundlich gesetzt und versetzt werden können. In diesem Sinne steckt in einem gesunden Körper auch ein abgegrenzter Geist.

Ich kann nichts – das kleine Willenstraining!

»In dem Augenblick, in dem man sich endgültig einer Aufgabe verschreibt,
bewegt sich die Vorsehung auch
Alle möglichen Dinge, die sonst nicht geschehen wären, geschehen, um einem zu helfen
Ein ganzer Strom von Ereignissen wird in Gang gesetzt durch die Entscheidung
Und er sorgt zu dem eigenen Gunsten für zahlreiche unvorhergesehene Zufälle, Begegnungen und materielle Hilfen
die sich kein Mensch vorher so erträumt haben könnte

Was immer du kannst oder dir vorstellst, dass du es kannst,
beginne es
Kühnheit trägt Genius, Macht und Magie
Beginne jetzt
Wenn jemand einen Weg gefunden hat,
darf er keine Angst haben
Er muss auch den Mut haben, Fehler zu machen
Was willst du von der Wahrheit, wenn du nicht bereit bist, alles zu opfern.«

Welches Potenzial steckt in mir? Wie kann ich mich selbst verwirklichen? Was ist meine Aufgabe im Leben? Das vorangestellte Gedicht mit unbekanntem Verfasser beantwortet kraftvoll und poetisch obige Fragen – und zwar über einen kunstvollen Perspektiven-U-Turn. Nicht das Können ist hier ausschlaggebend, sondern das Wollen. Alles andere wird sich dann auf die ein oder andere Weise fügen.

Kann man der eigenen existenziellen Unsicherheit und vermeintlichen Unfähigkeit so lässig begegnen? Wenn du selbst gerade auf der Suche nach deiner Bestimmung bist und dafür viele Nächte mit Grübeleien opferst, kann diese Botschaft zunächst provozieren – oder genau das Gegenteil bewirken: Sie kann dich befreien von dem Gefühl, überhaupt etwas können zu müssen. Dein Können muss nicht zwangsläufig der Ausgangspunkt sein, von dem aus du beruflich oder privat in eine neue Richtung aufbrichst. Denn wenn du denkst, nichts zu können, wird selbst daraus eine Kunst. Und wer lernt, mutig zu wollen, wird seinen Willen formen und stärken. Nicht allein dein Können entscheidet, sondern vor allem dein Wille.

Daher wirst du in der folgenden Übung zum Woller, gleichgültig, ob sich diese Rolle erst einmal sehr unpassend oder verwegen anfühlt. Du veränderst deine Perspektive, indem du dich nicht auf dein fehlendes Wissen oder deine fehlende Übung konzentrierst, sondern auf das, was du willst oder dir insgeheim wünschst.

Das kleine Willenstraining

Falls du sportlich bist, nimm dir an deinen Schreibplatz einen Gegenstand mit, der deine Lieblingssportart symbolisiert oder ein Bestandteil davon ist. Ob Joggingschuhe, Schwimmbrille oder Yogamatte – was auch immer du mit diesem Sport verbindest, darf dir jetzt Gesellschaft leisten. Wie beim Sport geht es auch beim Willenstraining um Kraft, Ausdauer und Disziplin. Gut möglich, dass sich Widerstände in dir rühren werden. Lass dich nicht davon beeindrucken, aller Anfang ist bekanntlich schwer. Lies dir erneut das Gedicht durch und genieße dabei das Gefühl, unbeschwert sein zu wollen, die Flügel auszubreiten und in deine Bestimmung hineinzufliegen. Nutze die Thermik deines Willens, um dich immer höher zu schrauben und zu schreiben. Folgende Fragen können dich dabei unterstützen. Beantworte vor allem jene, die dich persönlich weiterbringen: Was wolltest du schon immer, selbst wenn du es dir nicht wirklich eingestehst? Was bereitet dir Freude? Welche Anstrengung nimmst du nicht als solche wahr, weil du ganz im Tun aufgehst? Wann fühlst du dich lebendig und im Fluss? Wenn du alles könntest, was du dir wünschst – welchen Weg würdest du einschlagen? Welcher Aufgabe dich verschreiben? Was wärst du bereit dafür zu investieren? Falls Ängste und Zweifel auftauchen, wie würdest du ihnen begegnen? Und solange du noch unsicher bist und wankst, wer oder was könnte dich unterstützen?

Sich darauf zu berufen, etwas nicht zu können, kann auch als Ausrede dienen, um etwas nicht zu wagen. Aus Angst zu scheitern meidet man lieber herausfordernde Situationen. Befrage dich daher weiter: Was hindert mich daran zu wollen? Inwiefern könnte es von Vorteil sein, sich eher mit dem Nichtkönnen zu beschäftigen? Welche Risiken meide ich damit vielleicht? Der Preis, den man dafür zahlt, aus Angst etwas nicht zu tun, statt es zu wagen, kann oft erstaunlich hoch sein. Schließlich wird man nie erfahren, ob man es nicht doch geschafft hätte. Welche Belohnung könnte daher hinter jedem »Ich will und ich wünsche« stecken.

Wenn du deine Ängste und Zweifel getrennt hast von deinem Wunsch, ruh dich aus. Wie beim Sport hast du dich angestrengt und deinem inneren Schweinehund getrotzt. Du warst so mutig, dich in neue Höhen hineinzudenken und zu fühlen. Wenn dich das nächste Mal das Gefühl beschleicht, etwas nicht zu können, erinnere dich an dein sportliches Utensil, das nun auch als ein Symbol für deinen Willen betrachtet werden kann. Etwas zu wollen und sich einer Aufgabe zu verschreiben birgt immer ein Risiko. Und es wird immer einen geben, der es besser kann als du. Aber sollte dich das hindern? Die Alternative wäre, in deiner eigenen Komfortzone zu bleiben und zu einem Mauerblümchen zu mutieren. Dich selbst auszuprobieren lässt dich wachsen und blühen. Nur so kannst du dich neu erfahren und Fähigkeiten an dir entdecken, von denen du selbst nichts geahnt hast. Dein Reptiliengehirn läuft erst bei Grenzerfahrungen zur Top-Form auf. Wer nicht wagt, hat bereits verloren. Also, just do it!

Übung

Insight: Mein kleines Wollens-Training

Anna möchte sich beruflich weiterentwickeln, doch die Angst sitzt ihr im Nacken. Daher hat sie diese Übung genutzt, um sich klarer darüber zu werden, was sie wirklich will und was sie (noch) daran hindert.

Erfolg, Können und Sicherheit. Vor genau sechs Wochen habe ich einen erfolgreichen Job in einer Führungsposition aufgegeben. Es war das, was ich konnte und was mir Sicherheit gab. Nur fehlte mir der Sinn, alles andere hatte ich ja. Ich wollte nicht mehr tagein, tagaus gelangweilt in einem Büro sitzen und mich mit Daten, Zahlen und Fakten auseinandersetzen. Denn glücklich hatte mich dieses Leben schon lange nicht mehr gemacht. Nun sitze ich da und grüble darüber, wie ich meinen Wunsch nach einem beruflichen Richtungswechsel verwirklichen kann. Ich habe große Angst zu versagen, und zugleich will ich immer straight sein, das Ziel fest vor Augen haben. Gerade bin ich blockiert, obwohl ich wie beim Bergsteigen weiter Richtung Gipfel will. Ich wünsche mir eine berufliche Zukunft, in der ich mein Wissen weitergeben kann; ein Wissen, das auf Erfahrung beruht, auf Erfolgen und auf Misserfolgen. Es macht mir Freude, mit Menschen zu arbeiten, die mein Wissen annehmen und umsetzen. Selbst die größte Anstrengung bei meiner Abschlussprüfung zur Erlebnispädagogin im ver-

gangenen Herbst habe ich nicht als solche wahrgenommen, da ich wusste, was ich kann. Genauso möchte ich meinen Willen weiter stärken und mit meinen Ideen weiter voranschreiten. Erfüllt wie beim Bergsteigen wünsche ich mir zu sein – wenn die Beine müde und kaputt sind und nur mein Wille mich bis zum Gipfel bringt.

Was will ich also? Andere auf ihrem Weg begleiten und dabei endlich ein beruflich erfülltes und zufriedenes Leben führen.

Verliebt (ins Leben) – Liebesgeflüster

Verliebt zu sein steht im allgemeinen Gefühlsranking sehr weit oben – und das aus guten Gründen. Wer verliebt ist, umarmt nicht allein den Liebsten, sondern die ganze Welt. Schmetterlinge sausen in Loopings durch den Bauch, sodass man selbst ein Stück weit über dem Boden schwebt. Liebesromane, Kitschfilme, romantische Bilder und Herzweichmacher-Songs – die Liebe ist eine äußerst inspirierende Muse. Von ihr geküsst zu werden ist aber zum Glück nicht nur verliebten Pärchen vorbehalten. Man kann sich nämlich auch ins Leben verlieben und zum Liebenden und Geliebten zugleich werden – und dafür muss man nicht einmal rosarot sehen.

Die folgende Übung zeigt dir, wie das geht, wie du dich immer wieder neu verlieben kannst. Das Gefühl allein macht dich stark, fröhlich und hungrig aufs Leben. Und das Beste daran ist: Es gehört nur dir, weil es in dir lebt und über eine unsichtbare Nabelschnur direkt dein Herz nährt.

Verliebt und geliebt

Nimm dir Zeit für diese Übung, um deinen Geliebten deine Liebe zu gestehen. Die Geliebten können deine Familie sein, deine Freunde, dein Partner, deine Hobbys oder auch Naturphänomene wie Berge, Bäume, Blumen, das Meer und vieles mehr.

Vielleicht gibt es Gegenstände oder Orte, die du mit deiner Verliebtheit umgarnen willst? Setz dir selbst keine Grenzen. Zu was oder wem fühlst du dich hingezogen? Gerade Verliebtheit darf irrational, intensiv und ein Stück weit verrückt sein. Schließe dich selbst in deine Überlegungen mit ein, denn als

Teil des Lebens bist du allemal liebenswürdig. In was von dir
könntest du dich verlieben? Womöglich in deine Stimme, in
deine Augen, in deinen kreativen Geist oder sogar in deine
Fußzehen? Ignoriere eine Zeit lang den Kritiker und Rationalis-
ten in dir und zelebriere deine Ekstase. Liste jeden einzelnen
Geliebten auf, denn jede Verliebtheit bringt eine andere Facette
in dir zum Vorschein und ist unvergleichlich. Je mehr dir einfällt, desto bunter, origineller und verliebter kannst du dich
selbst fühlen. Geize daher nicht mit diesem Gefühl, selbst
wenn es nicht immer gleich intensiv ist.

Liebesgeflüster

Überlege dir nun, was du mit jedem einzelnen Geliebten konkret assoziierst. Gibt es vielleicht einen Song, einen kulinari-
schen Leckerbissen, einen wichtigen Satz, ein Bild oder ein
anderes Symbol? Drapiere diese Symbole real oder im Geiste
um dich, damit du die Fülle vor Augen hast. Wähle nun einen
der Geliebten-Stellvertreter aus und beginne über deine Liebe
zu schreiben. Das Liebesgeflüster darf nun immer lauter werden. Der Geliebte, um den du kreist, ist wie anfangs erwähnt
nicht zwangsläufig eine Person, sondern kann alles sein, was
dieses Kribbeln in dir auslöst. An folgenden Fragen kannst du
dich orientieren: Warum hast du dich verliebt? Was hat dich
angezogen? Welche Gefühle klingen in dir an? Was erlebst du,
wenn du dich diesem Liebes-Flow hingibst? Wie würdest du
den Geliebten beschreiben? Was würdest du ihm gern sagen?
Was hast du durch ihn an dir selbst neu entdeckt? Wann spürst
du dieses Gefühl besonders stark? Wie offenbart sich deine flir-
rende Zuneigung? Was ist für dich von unschätzbarem Wert an
dem Geliebten? Sobald du deine Verliebtheit mit Worten ein-

163

gefangen hast, tauche in das Gefühl hinein und spüre, wie es dich von innen wärmt. Wenn du deine Verliebtheit weiter explorieren möchtest, widme deine Gefühle und Gedanken jedem weiteren von dir aufgelisteten Geliebten. Du musst nicht alle der Reihe nach durchgehen, sondern kannst dir immer mal wieder die Zeit für einen nehmen.

Vergiss dabei nicht, dich selbst zu umschwärmen. Wann bist du von dir selbst entzückt? Was zieht dich an dir an? Was möchtest du dir selbst gern mitteilen? In was würdest du dich verlieben, wenn du dich neu kennenlernen würdest? Wie könntest du deiner Freude über das Wesen, das du bist, Ausdruck verleihen?

Aus Angst vor Zurückweisung traut man sich gelegentlich nicht, die eigene Verliebtheit zu zeigen oder sie größer werden zu lassen. Frag dich daher: Was könnte mich daran hindern, meine Verliebtheit zu leben? Wovor habe ich Angst? Was könnte passieren, wenn ich meine Leidenschaft in die Welt hinaustrage? Welche Reaktionen würden mich in meinem Gefühl verunsichern? Aber auch: Was lasse ich mir nicht nehmen, selbst wenn sich der Geliebte aus meinem Leben verabschiedet? Welches Geschenk bleibt mir?

Betrachte nach der Übung jedes Symbol, das für deine Geliebten steht. Falls du nichts Gegenständliches gefunden hast, kannst du es auch aufschreiben. Gibt es noch etwas, was dir auf dem Herzen liegt und ausgesprochen werden möchte?

Speichere diese Schreibmomente an einem sicheren Ort in dir ab, zu dem du jederzeit zurückfinden kannst, da du ihn selbst erschaffen hast. Und falls du möchtest, bau dir auch in deinem Zuhause eine kleine Verliebtheits-Sammlung auf, wo du deine Symbole sichtbar aufstellst. Manche verschwinden womöglich mit der Zeit, dafür kommen andere hinzu – die Liebeswelle kommt und zieht sich zurück.

Wenn du dich traust, dich jeden Moment neu in das Leben zu verlieben, ohne auf Gegenliebe zu spekulieren, wirst du zu einem existenziell Liebenden. Dieser Zustand kann dir dann auch über dunkle Zeiten hinweghelfen.

In dem Kinderbuch *Frederick* sammelt die kleine Maus Frederick kostbare Momente, während die anderen Mäuse emsig Vorrat für den Winter anhäufen und ihn für seine Verträumtheit verspotten. Als der Winter dann einbricht, »erzählte er [Frederick] von den Sonnenstrahlen. Wie warm und wohlig sie sich auf dem Fell anfühlen. Er sang die Lieder der Vögel. Er erzählte die Geschichten des Windes. Den Mäusen wurde warm ums Herz.« In kalten, dunklen Zeiten kann dich allein die Erinnerung an helle Momente wärmen – und dir und anderen Zuversicht schenken.

Mein Glücksbaum – kostbare Früchte für Sammler

Kaum meint man es geschnappt zu haben, windet es sich schon wieder aus dem Würgegriff heraus und flitzt davon – Glücksjäger zu sein ist ziemlich anstrengend und nicht immer von Erfolg gekrönt. Oft endet die Jagd nach dem Gluck in einer nutzlosen Verfolgung.

In dieser Übung wirst du vom Jäger zum Sammler, der die Glücksmomente von seinem Glücksbaum erntet. In allen Farben und Formen sprießen sie, du pflückst sie und schlägst dir den Bauch damit voll, bis du vor Glück platzt. Das Magische daran ist: Je mehr du naschst, desto reichlicher wirst du ernten können. Kultiviere daher dein Glück in einer Baummetapher, damit es für dich greif- und sichtbar wird.

Mein Glücksbaum

Der Glücksbaum steht für dich, deine Erfahrungen und Werte. Lies dir am besten die Übung erst einmal durch, mach dir Notizen und gestalte dann mit diesem Input deinen Baum. Du kannst ihn selbst malen oder nach einem Bild suchen, das deiner Vorstellung von diesem Baum am ehesten entspricht, oder du beschreibst ihn mit Worten. Groß, klein, exotisch, magisch – was für ein Baum könnte dich abbilden? Welche Charakteristika hätte er? Lässt er sich vom Wind verbiegen, ohne umzufallen? Welchen Stürmen hat er sich tapfer widersetzt? Ist er verästelt, krumm oder an manchen Stellen vernarbt? Und die Äste: Stehen sie vielleicht für deine Freunde, Leidenschaften oder Wünsche? Welche Bedürfnisse fließen wie Saft durch deinen grünen Körper? Wandel, Tradition oder Verlässlichkeit – von welcher Wertewurzel und welchem familiären Erbe aus wächst du in die Höhe? Zu welchen Visionen und Idealen reckst du deine Baumkrone empor? Verbinde dich mit diesem Baum, der dich symbolisiert, mit all deinen Wünschen, deiner Einzigartigkeit und deinem ureigenen Lebensgefühl.

Glücksfrüchte

Nun lass an deinem Glücksbaum deine Glücksmomente knospen, aufblühen und zur Frucht heranwachsen. Wenn du den Baum gezeichnet hast, kannst du ihn jetzt mit großen und kleinen Früchten, Knospen oder Blättern schmücken. Sie stehen für deine vergangenen, gegenwärtigen und zukünftigen Glücksmomente. Wenn du den Baum nur mit Worten gemalt hast, kannst du diese Momente jetzt ebenfalls auf dem Papier ausformulieren. Oder du schreibst in deine Baumskizze selbst die Glücksmomente hinein. Da es dein Glücksbaum ist, kannst du dich frei austoben und ihn bunt zum Leben erwecken.

Als Glückssammler weiß man auch die kleinen Früchte zu schätzen und erkennt das Potenzial in ihnen. Setz daher selbst kleinste Glückssprossen in deinen Baum, damit sie die Chance haben, mit der Zeit zu reifen.

Deinen Früchten auf der Spur, können dir folgende Fragen die Richtung weisen: Wie fühlt sich Glück für dich an? Was macht dich glücklich? Welche unterschiedlichen Typen von Glück kennst und schätzt du? Das Glück mit dir selbst fühlt sich beispielsweise anders an als jenes, welches Freunde, Partner, die Arbeit oder Familie in dir auslösen. Was passiert in deinem Körper, mit deinen Gefühlen und Gedanken, wenn du in diesen Momenten aufgehst? Glücksmomente sind nicht alle gleich intensiv und gleich lang, manche sind eher selten, andere stellen sich überraschend ein. Beschreibe auch hier jeden noch so kleinen Unterschied in deiner Empfindung. Wie äußern sich das kleine und das große Glück im Alltag? Worauf könntest du mehr achten? Was ist für andere selbstverständlich, was dich bereits glücklich macht? Womöglich ein fremdes Lachen, der heiße Kaffee im Bett oder ein Wort der Zuneigung – als Glückssammler wertschätzt du jeden Moment, der für dich von Bedeutung ist und dein Herz nährt. Denke dir als Botaniker zukünftige Glückssorten aus und beschreibe sie: Nach welchen Momenten sehnst du dich noch? Welcher Glückszustand schwebt dir vor Augen, hängt aber noch nicht an deinem Baum? Was müsstest du dafür beachten und investieren? Oft befindet sich das Glück in unmittelbarer Nähe, aber vor lauter fixen oder zu hohen Erwartungen erkennt man es nicht. Welche überzogenen Vorstellungen hast du womöglich? Was glaubst du für dein Glück tun oder erreichen zu müssen? Frag dich, ob das wirklich so ist. Wenn nicht, dann setz diese Glücksfrucht in deinen Baum in der Hoffnung, dass sie auch bei dir heranwachsen kann.

Was braucht mein Glücksbaum? – die Erntehelfer

Überlege dir, was du zusätzlich beachten solltest, damit deine Früchte gedeihen können. Du kannst dir deinen persönlichen Erntehelfer erschaffen, um weitere Informationen zu Baum und Frucht an anderer Stelle unterzubringen. Denn Glück vermehrt sich auch, wenn man es teilt, mitteilt oder Anteil daran nimmt. Welches Glück entsteht im Zusammensein? Welche Erfahrung verbindest du damit? Was davon möchtest du verschenken und mit anderen teilen? Welches fremde Glück steckt dich an?

Du kannst dich auch von anderen Glückssammlern inspirieren lassen. Schau dir dafür die Glücksbäume anderer Menschen an. Was macht diese Leute glücklich? Was tun sie, um den Glückszustand zu erhalten und zu kultivieren? Wie gehen sie mit anderen weniger glücklichen Zuständen oder Menschen um? Dankbarkeit, Achtsamkeit oder Freude – welche Düngemittel haben ihre Glücksfrüchte reifen lassen?

Pestizidfreier Glücksschutz

Abschließend solltest du dich darum kümmern, dass die Früchte nicht von hungrigen Vögeln gefressen oder von anderen Menschen gestohlen werden. Notiere dir auch mithilfe deines Erntehelfers die Spezifika auf einem gesonderten Zettel, damit dein Baum nicht vor lauter Hinweisen und Erklärungen nicht mehr zu erkennen ist. Wie kannst du dein Glück schützen? Wer oder was könnte es bedrohen? Welche fremden oder eigenen Worte, Gedanken und Handlungen sind Gift für deine Früchte? Welches Glück bist du zu verteidigen bereit? Du kannst deinen Schutz als Symbol oder mit Worten in dein Glücksbaum-Bild hinzufügen.

Du bist nun zu einem Glücksbaum herangewachsen, den du selbst erschaffen, zum Erblühen und zum Früchtetragen gebracht hast. Er steht für dich und all die Momente, die dich glücklich machten, machen und machen werden. Verwahre dieses Bild sicher und lass es nicht verkümmern.
Du brauchst deinem Glück weder hinterherzujagen noch es zu suchen – du kannst es einfach sammeln und ernten, indem du dich wach, neugierig und liebevoll um die Bedürfnisse deines Glücksbaumes kümmerst. Genieße, prüfe und schütze, woran dein Glück hängt. »Ich bin am glücklichsten allein mit Musik und Gedanken. Mir gefallen meine eigene Gesellschaft, der Klang meiner eigenen Gedanken und die meergleichen Bewegungen meiner Gefühle, intensiver als mein sonstiges Leben, mehr als das Leben anderer Leute, mehr als Bücher, mehr als Theater. [...] Allein fließe ich über, bin ich reich, bin ich lebendig, werde ich nie austrocknen, bis ich sterbe.« So beschreibt die Schriftstellerin Anais Nin in ihren frühen Tagebüchern (1927-1929) ihre Glücksfrüchte. Und auch deine sollten wie das Glück weder normiert noch konfektioniert sein, sondern ganz nach deinem Geschmack.

Übung

Insight: Mein Glücksbaum

Peter hat sich in einen Baum verwandelt, der ihn verkörpert und als Bild doch über ihn hinausgeht. Was ihn glücklich macht? Ein Leben, das sich durch ihn ausdrückt und ihm kostbare Begegnungen und Erkenntnisse schenkt. Und dann gibt es noch einen Wunsch, den er in seinen Baum gesetzt hat.

Mein Glücksbaum wächst mitten in einem Urwald, unberührt seit ewigen Zeiten. Dicht an dicht stehen hier die Bäume. Kein Baum gleicht dem anderen, jeder hat seine eigene Jahres- und seine eigene Erntezeit. Aber genau wie in der »realen« Natur haben auch hier alle Bäume eines gemeinsam: Sie sind durch ihre Wurzeln und die Sporen von Pilzen miteinander verbunden und bilden so ein unterirdisches Kommunikationssystem. Damit warnen sie sich beispielsweise bei Schädlingsbefall und teilen unsichtbar ihr Leid und Glück miteinander.
Auch mich lässt die enge Verbundenheit mit lieben Freunden fest und glücklich im Leben stehen. Mein Baum hat durch Sturm und Blitz den ein oder anderen kräftigen Ast verloren und sich bei manchem Orkan bedrohlich gebogen. Aber das hält ihn nicht davon ab, weiter gen Himmel zu wachsen und seine Früchte der Sonne immer näher zu bringen.

Zu sehen, dass ich aus stürmischen Zeiten und Krisen gestärkt hervorgehe, steigert nicht nur mein Selbstvertrauen, sondern hält meinen Glückspegel konstant auf gutem Niveau.

Manche Früchte meines Glücksbaums entwickeln ihr außergewöhnliches Aroma durch eine flüchtige Begegnung mit einem schillernden Paradiesvogel, der sich auf einem ihrer Äste ausruht.

Einen besonderen Menschen kennenzulernen, der mich inspiriert und von dem ich mich angezogen fühle, löst Glücksgefühle in mir aus. Werden die Blüten meines Baumes mit den Pollen des wunderschönen Obstbaums nebenan bestäubt, so habe ich mich verliebt und könnte vor Glück platzen. Oder wenn mich an einem sonnigen, aber kühlen Tag die Sonnenstrahlen überfluten. Dann fühle ich mich zufrieden und entspannt glücklich. In der Nacht rollen sich meine Blätter ein und versinken in einen erholsamen Schlaf. Ich bin sehr dankbar und glücklich, jede Nacht so gut zu schlafen. Trotz eines kargen und harten Bodens, trotz Wachstumsschwierigkeiten in der Jugend hat sich mein Keimling gut entwickeln können, habe ich mich zu einem selbstbewussten und geschätzten Mitglied der Gemeinschaft entwickelt. Glücklich macht mich auch, dass ich in der Natur bin, den wilden und exotischen Tieren nah. Ebenfalls froh bin ich über meinen demütigen und reflektierten Blick auf die Welt und mein Leben. Das größte Glück aber wäre es, wenn meine Früchte zu einem neuen Baum heranwachsen würden und ich mich um den Nachwuchs kümmern und sorgen könnte. Das wäre mein allergrößtes Glück.

Wunder(n) immer wieder – Rebirth Your Senses, Your Life, the World

Die Chance auf einen Lottogewinn mit sechs Richtigen plus Superzahl beträgt 1 zu 140 Millionen. Würdest du nur auf sechs Richtige spekulieren, stiege die Wahrscheinlichkeit auf 1 zu rund 15 Millionen. Gar nicht mal so schlecht, wenn man bedenkt, dass die Chance, dass genau du entstanden bist, 1 zu 200 bis 600 Millionen beträgt, abhängig davon, wie viele Spermien produziert wurden. Dich zu zeugen ist also unwahrscheinlicher gewesen als sechs Richtige mit der dazugehörigen Superzahl zu haben. Das klingt nach einem Wunder – und streng genommen nicht nur einem, sondern mehr als sieben Milliarden. Sie alle waren unwahrscheinlicher als ein Lottogewinn und bevölkern doch die Erde. Albert Einstein sagte einst dazu: »Es gibt nur zwei Arten zu leben. Entweder so, als wäre nichts ein Wunder, oder so, als wäre alles ein Wunder.«

In dieser Übung werden deine Augen neu geboren, um dich zum Staunen, Neuentdecken und Wundern zu bringen. Denn Wunder kommen oft auf leisen Sohlen angeschlichen, die kleinen wie die großen. Erkennen kann nur der sie, dessen Entdeckerfreude größer ist als die Annahme, alles sei selbstverständlich.

Rebirth your senses

Stelle dir für dies Übung vor, dass deine Sinne über Nacht neugestartet wurden. Alles, was du fühlen, sehen, erfahren und denken wirst – wird neu, überraschend und ungewohnt sein. Alles wird zu Neuland, sogar du selbst. Betrachte dich zunächst neugierig: die Form deines Körpers, deine Haarstruktur, den Klang deiner Stimme und viele weitere spezifische Merkmale. Lausche deinem Atem, deinem Herzen, deinen Gedanken, deinen Gefühlen – was ist an ihnen wundersam? Essen, trinken, lachen oder weinen wie zum allerersten Mal – wie fühlte sich das alles an, wenn du darin etwas Besonderes erblicken würdest? Beschreibe jedes Detail an dir, ohne es zu werten oder zu beurteilen.

Rebirth your life

Erweitere nun deinen staunenden Blick auf dein Leben. Welche Zufälle mussten sich ereignen, damit du auf die Welt kommen konntest? Wie hat es sich gefügt, dass du zu dem Menschen geworden bist, der just in diesem Moment hier sitzt, schreibt und sich im Wundern übt? Heute anders als gestern anders als morgen. Woran könntest du erkennen, dass du ein Wunder auf zwei Beinen bist? Schreib alles auf, was dir dazu einfällt. Was hättest du niemals in deinem Leben für möglich gehalten, und was wurde dennoch wahr? Welche Zufälle und Situationen könntest du mit dieser Sichtweise nachträglich neu interpretieren? Betrachte auch deine Zweifel und Missgeschicke: Was konntest du erst so neu entdecken? Welche Erkenntnisse hinzugewinnen und Illusionen verlieren? Welche Gedanken, Einfälle und welche innere Stimme haben dich durch heikle Situationen und Erlebnisse navigiert? Welche Möglichkeiten hat dir das Leben geschenkt? Gibt es Begegnungen in deinem Leben, die es überraschend geprägt und bereichert haben? Was kannst du dir selbst nur als Wunder erklären?

Lass die Magie in deinem Leben frei fließen und öffne dich der Praxis des Wunders und Wunderns – und sei es auch nur für einige Augenblicke. Wenn du ein Märchen wärst, welchen Titel würde es haben? Auf welcher Mission wärst du unterwegs?

Rebirth the world

Vor etwa 4,6 Milliarden Jahren entstand die Sonne, es folgte das Sonnensystem und damit die Erde. Die richtige Größe, die optimale Entfernung zur Sonne, eine günstige chemische Zusammensetzung der Atmosphäre – es dauerte, bis ihre Form saß. Erst eine Verkettung sehr unwahrscheinlicher Zufälle führte dazu, dass sich auf dem wüsten Planeten Leben entwickeln konnte.

Wenn du die Welt mit wundersamen Augen betrachtest, was würde dich in den Bann ziehen? Welche Pflanzen, Tiere oder Insekten? Wie könntest du einen Baum oder eine Blume anschauen? Was wäre anders an der Welt, wenn du sie als einzigartiges Geschenk ansehen würdest? Sie besteht wie du aus Sternenstaub – welche Verbindung hättest du zu ihr, wenn du dir eures Bandes noch stärker bewusst wärst? Wie würdest du mit ihr umgehen und auf sie reagieren?

Du selbst, dein Leben und die Welt sind voller Wunder. Begib dich daher immer mal wieder auf die Suche nach Wundern – und bleib neugierig, interessiert und empfänglich. Vieles davon praktizierst du sicherlich schon, aber sich den Grund für den wundersamen Blick auf dich und das Leben zu vergegenwärtigen ist ein bedeutsames Memento, das nicht oft genug auf Wiedervorlage gelegt werden kann. Und wenn Albert Einstein mit dieser Einstellung die Relativitätstheorie entwickeln konnte, was wirst du erleben und finden können?

Mich ins Leben kichern

»Jedes Ding hat drei Seiten, eine positive, eine negative und eine komische«, witzelte der bayerische Kabarettist Karl Valentin. Etwas von seiner komischen Seite zu betrachten gleicht einer Entgiftungskur. Mit einem Augenzwinkern können schmerzvolle Wahrheiten und Erfahrungen über das Zwerchfell ausgeschüttelt werden, und plötzlich ist alles nur halb so schlimm. Warum also nicht versuchen, über etwas zu lachen, wenn es eh nicht zu ändern ist? Humor verschafft dir Distanz und lockert deinen angespannten Herzmuskel.

In der nächsten Übung musst du dich aber nicht zum Lachen zwingen und auch keine Witze zum Besten geben. Bring einfach deine Ernsthaftigkeit in Versuchung, indem du sie mit Humor lockst.

Lachen, bis es lustig ist

Der Sinn für Komik kann dein Leben bereichern, ohne dass du zum Clown mutierst. Nutze folgende Fragen als Impulse, um deine humorvolle Seite unter die Lupe zu nehmen. Was bringt dich zum Lachen? In welchen Situationen hat dich Humor schon aus einer Zwickmühle befreit? Was hat sich dadurch verändert? Wie steckst du andere mit deiner Heiterkeit an? Bist du eher ironisch-trocken, albern oder kabarettistisch-brachial, welche unterschiedlichen Spielarten des Humors liegen dir? Manchmal denkt man, dass sich Humor gerade in schwierigen Zeiten nicht ziemt oder unpassend sein könnte. Doch ist es nicht möglich, humorvoll zu sein, ohne dich selbst oder die Situation bloßzustellen? Es muss kein Widerspruch sein: Du kannst lachen und dennoch traurig, verletzt oder wütend sein.

Komisches Experiment

Wähle dir bestimmte Situationen in deinem Leben aus, die einer komischen Betrachtung wert sein könnten. Lass dabei die tragischen, traurigen oder schwierigen nicht außen vor. Es gilt das Prinzip: Was immer dir einfällt, wird durch den Humorwolf gezogen. Ob du mit einer frischen oder einer älteren Erinnerung beginnst, ist egal. Filtere wie bei einer grob gezeichneten *graphic novel* ihre prägnanten Merkmale heraus, um sie später in Szene zu setzen. Welchen Plot oder welche Dramaturgie entdeckst du in der Situation? Wer war daran beteiligt? Wie ist die Stimmung gekippt? Warum ist dir alles noch so gegenwärtig? Was beschäftigt dich weiterhin daran? Welche Gefühle verbindest du damit? Welche Sätze klingen noch in deinem Ohr nach? Hast du alles grob skizziert? Dann geht es jetzt darum, den Comic-Zeichner in dir zu aktivieren.

Komisch zu sein ist nicht leicht. Oft ist es ratsam, die Dinge so nüchtern wie möglich zu beschreiben, um nicht in einen hysterisch-witzigen Stil zu fallen. Destilliere einzelne Gespräche, Gefühle und Aktionen heraus, die du nun scharf zeichnest, sprich, pointiert mit Worten herausarbeitest. Lass das Unwesentliche dabei einfach weg. Und dann überlege: Was könnte an dem Gespräch oder dem Gefühl komisch sein? Was ist in seiner ganzen Tragik vielleicht auch amüsant? Welches Bein hast du dir selbst gestellt? Wie könnte die Szene eine ausgelassene Note erhalten, ohne dass du den Verlauf selbst änderst? Wobei hast du dich ertappt? Vielleicht gibt es ein wiederkehrendes Verhaltensmuster in dir, das in der Szene aktiviert wurde. Welchen lustigen Titel kannst du deiner Erfahrung geben? Erfreu dich an deinen kleinen oder großen Karikaturen von dir und der Welt.

Du kannst auch eigene Handlungs- und Denkmuster auf komische Aspekte hin überprüfen. Betrachte dich wie das Ausgangsmaterial eines Kabarettisten. Welcher Tick von dir ist nicht allein störend, sondern auch lustig? Welche negativen Gedankenspiralen können dich zum Lachen bringen? Was nervt dich an dir oder anderen? Wo ertappst du dich dabei, immer in eine ähnliche Richtung zu denken, die dich nicht weiterbringt? Was treibt dich auf die Palme, oder wo zieht sich alles in dir zusammen? Was ist zu absurd, um wahr zu sein? Verrücke lieb gewordene Annahmen über dich und die Welt, indem du dir erlaubst, sie zum Lachen zu finden. Setz ihnen eine komische Sichtweise entgegen. Damit verändern sich diese vielleicht nicht, aber du gewinnst mehr Distanz zu ihnen und verschaffst dir dadurch mehr Bewegungsfreiheit.

Du wirst sehen, du musst nicht in gewohnte Gedanken und Gefühle abdriften, es gibt andere Zugänge zur Wirklichkeit. Der britische Schauspieler und Komiker Sir Peter Ustinov sagte einmal: »Humor ist einfach eine komische Art, ernst zu sein.« Und selbst wenn dir mal nicht zum Lachen zumute ist – schaden wird der Perspektivenwechsel nicht. In den meisten Fällen wird man dafür belohnt: mit frischen Ideen, einem gelassenen »Fuck it!« oder vielleicht ein paar Lachtränen.

Mutproben ermutigen

»Ich habe gelernt, dass Mut nicht die Abwesenheit von Furcht ist, sondern der Triumph darüber. Der mutige Mann ist keiner, der keine Angst hat, sondern der, der die Furcht besiegt.« Das sagt ein Mann, der insgesamt 27 Jahre als politischer Gefangener in Haft verbracht hat, weil er für die Freiheit und gegen Apartheid und Rassismus kämpfte: Nelson Mandela.

Du musst dich nicht gleich wie Mandela für deine Wünsche und Ideale einsperren lassen oder wie der Dalai Lama als Botschafter für die Autonomie Tibets die Welt bereisen. Doch solche und ähnliche Vorbilder können dich sensibilisieren für die vielen Facetten von Mut und Tapferkeit. Und wenn du mutig sein willst, solltest du nicht darauf warten, bis die Angst verschwindet. Im Gegenteil, sie ist ein wichtiger Indikator. Sie zeigt dir, wo es ungemütlich werden kann, und erinnert dich an das Risiko, das du eingehst. Gerade das Spannungsverhältnis zwischen Mut und Furcht mobilisiert dich, ohne dass du tollkühn wirst. Wenn du dich immer wieder kleinen und großen Mutproben stellst, kannst du den Hero in dir hervorlocken, ohne deine Angst dabei zu ignorieren. Darüber zu schreiben macht nicht nur Spaß, sondern auch Mut.

Der Hero in mir

Was für dich vielleicht selbstverständlich ist, etwa ein klares Nein zu formulieren oder kreativ zu sein, kann für andere bereits ein Wagnis bedeuten. Daher ist Mut auch etwas sehr Persönliches und spiegelt dich und deine Entwicklung wider. Nur wer mutig ist, kann seine Ängste überwinden und Neues über sich lernen. Überlege dir dafür, was für dich Mut bedeutet, und schreib alles auf, was dir in den Sinn kommt. Nutz die für dich passenden Fragen, um dich mehr mit dem Gefühl zu verbinden: Wie wärst du als mutiger Mensch? Was wäre anders? (Beschreibe dich in liebevollen Details, die sich im Inneren wie Äußeren zeigen würden.) In welchen Situationen hast du dich mutig gefühlt? Vielleicht ist dein Herz gerast, und deine Gedanken sind Achterbahn gefahren – wie hast du es geschafft, dich davon nicht abschrecken zu lassen?

Sobald man sich sicher ist, für seinen Mut belohnt zu werden, braucht es nicht viel, um loszumarschieren. Doch was brauchst du, um deine Komfortzone zu verlassen, wenn es keine Garantie auf Erfolg und Anerkennung gibt? Wo wärst du gern mutiger? Und was hindert dich daran, deinen Impulsen nachzugehen? Was wäre schlimmer: es zu wagen oder dich deinen Ängsten zu beugen und sie damit über dich bestimmen zu lassen?

Lass dich auch von anderen inspirieren: Gibt es Menschen in der Weltgeschichte oder in deinem näheren Umfeld, die du als mutig empfindest? Was könntest du von ihnen übernehmen? Wie haben sie sich inneren Zweifeln und Hindernissen gestellt? Wie gehen sie mit Tiefschlägen um? Welche Einstellung haben sie zum Scheitern? In welchen Situationen müssen sie selbst noch allen Mut zusammennehmen? Such Zitate, die dir Auftrieb geben können, oder sprich mit Menschen, die du als mutig empfindest. Sobald du dein eigenes Mutprofil entwickelt hast, ist es Zeit, die Mutprobe auf dich als Exempel zu machen.

Mutproben

Liste zunächst spontan auf, was du gern wagen würdest, dich aber noch nicht traust. Schreib ungefiltert das Mögliche wie das scheinbar Unmögliche auf. Trau dich zu träumen. Was möchtest du ausprobieren? Welche Projekte würdest du gern umsetzen, fürchtest dich aber noch vor dem Ausgang? Es könnte auch auf den ersten Blick eher Ungemütliches sein: dich von deinem Partner oder Beruf zu trennen und einen Neuanfang zu wagen. Oder du möchtest endlich mal Grenzen setzen oder einer Person mutig die Meinung sagen. Was auch immer für dich Mutproben sein könnten, beschreibe sie und such dir dann eine aus, die du näher beleuchtest. Was ist deine verborgene Sehnsucht dahinter? Was erhoffst du dir davon? Was würdest du dir damit selbst beweisen? Welche Argumente stehen für frischen Wind? Was wärst du bereit, dafür auf dich zu nehmen? Unterteil dein Projekt in einzelne Mutpröbchen, um dein Herz nicht zu überhitzen. Welche Recherchen könntest du vorab tätigen? Wer oder was könnte dich darin unterstützen, dich langsam in die Risikozone zu begeben? Betrachte deine Mutprobe aus allen Perspektiven und werde immer konkreter. Wie kannst du deinem Ziel jeden Tag ein Stück näherkommen? Wie deine Angst konkret besänftigen? Mit wem darüber reden und dir neuen Input holen? Diskutiere auch mit deinen Ängsten und Zweifeln: Was spräche aus ihrer Sicht dagegen? Was könnte schlimmstenfalls passieren, wenn du es wagst oder nicht wagst? Überprüfe auch, wie realistisch die negativen Szenarien sind. Was könntest du verlieren? Auf lange Frist ist es oft besser, Klarheit zu haben, als weiter in Illusionen à la »hätte ich«, »wäre ich« zu schwelgen.

Mut ist wie ein Muskel, den man trainieren kann. Wenn das Große noch zu groß erscheint, sind die kleinen Schritte umso wertvoller. Man wird schließlich nicht mutig geboren, sondern befähigt sich selbst dazu. Spendiere dir daher so oft wie möglich eine Mutstunde, vielleicht auch nur eine Minute, in der du ohne Wenn und Aber mutig denkst, fühlst und handelst. Du kannst auch mutig über deine Ziele und Wünsche sprechen oder einfach etwas machen, was für dich herausfordernd ist, wie etwa ehrlich dir oder anderen gegenüber zu sein.

Manche Mutproben sind eher spielerisch, andere bedeutsamer. Schreib dir nach diesen Experimenten auf, wie es sich angefühlt hat. Zieh auch ein kleines Fazit: Was könnte ich das nächste Mal anders machen, oder was war mein Highlight? Am Ende wird deine Mut-Expertise beeindruckend sein.

Mut wird immer nur in der Praxis sichtbar, er reift aber schon viel früher in dir. Es sind deine Wünsche und deine Ängste, die sich lange Zeit davor getroffen haben, um über Pro und Kontra hitzig zu debattieren. Am Ende wirst du ermutigt oder entmutigt – beides kann sinnvoll sein. Es heißt jedoch nicht, dass die Entscheidung für immer gefallen sein muss. Im Gegenteil, der Mutige mutet sich das Ungewisse und Neuverhandlungen immer wieder zu. Sieh es daher wie eine Versuchsreihe, um dich in eigener Courage zu üben. Mandela sagte nämlich auch: »Unser größter Ruhm ist nicht, niemals zu fallen, sondern jedes Mal wieder aufzustehen.« Mut nimmt dir nicht die Angst, aber er gibt dir die Freiheit, es dennoch zu wagen. Denn nur wer springt, kann fallen – oder fliegen.

Best of beste Laune

Sie taucht zwischen Gesprächen auf, bei einem Spaziergang, auf Reisen, beim Sport oder bei einem anderen glitzernden Ereignis – die pure Lebensfreude. Wenn du im Einklang mit dem Moment bist und alles passt, läuft dein Herz im Wonne-Modus und saugt sich wie ein Schwamm mit guten Gefühlen voll. Besonders schön ist es dann, deine Freude auszudrücken und zu teilen. »Jeder Tag, an dem du nicht lächelst, ist ein verlorener Tag«, sagte der Komiker Charlie Chaplin. Also warte nicht darauf, bis die Freude von allein kommt, sondern beschenke dich selbst viel öfter mit Freude. In der folgenden Übung geht es darum, deine gute Laune zu verbreiten – und zwar in Kartenformat.

Meine Momente der Freude

Sei so ausgelassen wie möglich. Hilft dir Musik dabei, dann mach während der Übung welche an. Oder schau vorher ein lustiges Tiervideo, betrachte eine schräge Fotografie oder besorge dir eine kleine kulinarische Sünde. Überlege dir, was dir wirklich Freude bereitet, und lege alles an deinen Schreibplatz, um dich auf die Festtagsstimmung vorzubereiten. Lass dich dabei nicht allein von Highlights leiten, denn die gute Laune sitzt oft überraschend nah neben eher unangenehmen Gefühlen wie Trägheit oder Kummer.

Erinnere dich nun an Momente, in denen du fröhlich warst. Wann kannst du vor Euphorie einen kleinen Tanz aufführen? Gibt es einen Song, der deine Laune hebt? Ein Essen, das nicht nur deinen Magen füllt, sondern dein Herz? Welche Aktivitäten machen dir Spaß und fordern dich zum Spiel auf? Wobei bist du ausgelassen, heiter und beschwingt? Was bringt dich dazu, ganz im Moment zu schwelgen? Wann gluckst und kicherst du, weil deine Gedanken und Gefühle überschäumen? Gute Laune kann auch infizieren: Wer hebt deine Stimmung?

Best-of-beste-Laune-Karten – *Do it yourself*

Sobald du viele solcher Momente gesammelt hast, notier sie einzeln auf kleine Kärtchen. Die Kärtchen kannst du als kleine Gedächtnisstützen verwenden, um später dein Vergnügen auch auf Postkarten festzuhalten und diese, wenn du magst, an

Freunde zu verschicken. Setz deinen Gute-Laune-Anlass prominent aufs Kärtchen. Dabei kannst du bunte Stifte verwenden, die kolorieren, was du dabei empfindest. Wenn die Natur in dir lachende Gefühle auslöst, dann beklebe das Kärtchen mit einem Blatt oder einer Blume. Lass deiner Freude jeden kreativen Gestaltungsspielraum und aktiviere deine Sinne. Vielleicht gibt es auch ein Bild, das du auf die Karte kleben magst, oder einen Duft, womit du sie einparfümierst. Fang auf deinen Karten wie ein Traumfänger die Best-of-beste-Laune-Augenblicke ein, mögen sie noch so flüchtig oder rar gesät sein. Schreibe auf, was dich in diesen Zustand versetzt, damit du den Weg dorthin kennst. Beachte dabei auch, welche kleinen Schweinehündchen dir die Trüffelmomente fressen könnten und notiere auf der Karte, wer oder was dich an der Freude hindern könnte. Und nicht nur das – beantworte auch für dich, was du dagegen machen könntest. Wie den inneren Schweinehund besänftigen?

Sei so präzise und klar wie möglich, schließlich geht es darum, dein Herz mit spielerischen, kreativen und sinnlichen Abenteuern aufzuladen. Schreibe dir auch auf, warum du dieses Vergnügen so liebst. Inwiefern tut es dir gut und kräftigt dein Herz? In manchen Freuden versteckt sich bisweilen eine kleine Droge, die mehr den Rausch liebt denn die zarten Regungen.

Schau dir nun deine Karten an: Welche Freude kannst du dir oft gönnen, und bei welcher solltest du dich selbst mäßigen, um nicht vom Genießer zum Getriebenen zu werden? Farblich kennzeichnen kannst du deine Karten ebenfalls. Grün für so oft wie möglich, gelb für gelegentlich und rot für selten, aber dennoch notwendig. Überleg dir abschließend, welche Freuden von dir Aktivität verlangen wie beispielsweise Sport oder Kreativität und welche eher passiv und hingebend sind wie eine Massage oder Musik. Auch für diese kannst du dir ein Symbol überlegen, etwa ein Plus für mehr Aufwand und ein Minus für wenig Eigenleistung.

Am Ende hast du deine Momente in Farben, Worten und Symbolen auf Best-of-Beste-Laune-Karten gebannt. Um dich selbst zu ermuntern und zu inspirieren, kannst du sie regelmäßig hervorholen. Es werden immer wieder auch neue heitere Zeiten auf dich zukommen. Genieße sie und entwirf für sie ebenfalls eine Karte. Die Karten erinnern dich daran, wie viel Freude und Lust in dir stecken und herausgeholt werden können. Finde daher in deinem Alltag immer wieder kleine Momente, die sich wie ein Festtag feiern lassen.

Sich zu freuen kann wie ein Wolkenbruch sein, der kleine Sonnenstrahlen durchlässt nach einem regnerischen Tag. In Erich Kästners Gedicht *Kicherfritzen* heißt es:

»Habt ihr das schon mal gemacht:
ohne jeden Grund gelacht?
Na wie steht's? Ich glaube sicher,
dass ihr dieses Lachen kennt,
das man allgemein Gekicher nennt.
Wie entsteht so etwas bloß?
Es entsteht nicht. Es geht los.«

Ein schöneres Kompliment an das Leben kannst du ihm nicht machen, als so wenige Augenblicke wie möglich ohne ein Lächeln zu verbringen – mit oder ohne ersichtlichen Grund.

Vernarrt und aus der Rolle gefallen

Über Jahrhunderte hinweg hatte der Narr eine wichtige Funktion in den Herrscherhäusern. Im Mittelalter etwa war er nicht nur zum Amüsement bestellt, sondern er konnte auch bittere Wahrheiten über den Herrscher und dessen Günstlinge aussprechen, ohne mit einer Bestrafung rechnen zu müssen. Mit der Narrenkappe getarnt plauderte er Geheimnisse aus und demaskierte die edlen Blaublütler. War er närrisch und klug zugleich, konnte er sich eine politische Position als Berater sichern. Alles eine Frage des närrischen Kalküls. Im besten Fall sorgte der Schelm für einen reinigenden und befreienden Aderlass, der zeigte: Macht schützt vor politischer, moralischer und individueller Torheit nicht.

In der folgenden Übung kannst du von der Narrenfreiheit kosten, die einst en vogue war und es im Karneval immer noch ist. Du darfst lustvoll herumspinnen und neugierig beobachten, was in und mit dir passiert. Deine Welt wird nicht aus den Fugen geraten, sondern über die Irritation lebendig und unberechenbar.

Der Narr in mir

Du darfst deine Welt schreibend auf den Kopf stellen, damit die moralinsauren Zwänge herauspurzeln. Deiner Fantasie solltest du keine Grenzen setzen, sondern diese vielmehr sprengen. Schreibe daher, wie du lustig bist, und achte nicht auf Regeln und Richtlinien. Eine Reihe von närrischen Fragen wartet auf dich. Notier dir einige für dich relevante oder unterstreich sie dir: In welchen Situationen folgst du brav den Regeln, selbst wenn sie dir insgeheim missfallen? Zensierst du öfter deine Gedanken? Weil sie sich nicht gehören, vielleicht nicht zu deinem Selbstbild passen oder dich in Verlegenheit bringen? Wird dir mulmig, wenn du etwas fühlst, was du glaubst nicht fühlen zu sollen, oder etwas tust, was du glaubst nicht tun zu sollen? Welche verinnerlichte Stimme in dir sagt, dass du nicht auch mal etwas Verrücktes wagen solltest? Wo könntest du dich selbst überraschen? Welche Ansichten über dich verrücken, damit sie dich nicht blockieren? Wie könntest du dir oder anderen die Wahrheit sagen und dennoch deine Haltung als Narr bewahren – fröhlich, exzentrisch und dir selbst verpflichtet? Wer sagt, dass du immer erfolgreich sein musst, immer politisch korrekt und anderen zugewandt? Warum nicht kostümiert durch die Straßen tanzen als der, der du gerade sein willst? Spiel mit den Rollen, die du dir selbst auferlegt hast. Welchen Klamauk könntest du dir gönnen? Einer attraktiven Person hinterherpfeifen? Allein vor dem Spiegel tanzen oder den Hula-Hopp-Reifen um die Hüften kreisen lassen? Was auch immer du unter verrückt verstehst, sieh deine Extravaganzen nicht als Handicap, sondern beschreibe sie als Kostbarkeit eines unabhängigen Geistes. Wenn du fällst, werde nicht rot; machst du einen Fehler, lach darüber; vergisst du, dich gut zu benehmen, zwinker dir selbst zu.

Lass den Karneval in dir toben. Selbst deine Unzulänglichkeiten kannst du verrücken, ohne sie zu relativieren. Warum versteckst du, was der Norm nicht entspricht? Was an dir findest du zu verrückt, um es in die Welt zu bringen und so zu zeigen, was auch noch in dir ist? Was schneidest du ab, weil du es für unzulänglich oder minderwertig hältst? Der Narr in dir würde damit vielleicht viel menschlicher umgehen, weil ihn nichts von dem schreckt, was ein Teil von ihm ist, egal ob schön oder hässlich. Je mehr du dich selbst freilässt, desto weniger wirst du dich fürchten müssen. Denn wer andere Meinungen nicht als Angriff wertet, wird sich auch nicht rechtfertigen und schuldig fühlen. Du musst nicht immer funktionieren, ausbalanciert und perfekt sein. Aussetzer und vermeintliches Fehlverhalten sind charmant, individuell und kratzen an der Fassade, sofern du andere oder dich nicht damit verletzt.

Mein Narrenplan

Sobald du deine närrischen Gedanken zu Papier gebracht hast, mach dir einen kleinen Plan, wie du gelegentlich aus der Rolle fallen und wieder hineinschlüpfen kannst. Welche Routine könntest du konkret im Alltag, bei Freunden, im Beruf oder bei anderen Aktivitäten außer Kraft setzen? Wann genau bestimmte Verhaltensmuster brechen und mal alles andere als funktionieren? Wo kannst du dir erlauben, mal gegen Konventionen zu verstoßen und dich nicht dafür zu entschuldigen? Schreib so präzise wie möglich auf, wann, wo und wie du den Schelm in dir herauslassen kannst. Was wären die Konsequenzen? Überprüf, wie hoch die Chance wäre, deinen Ruf nicht zu zerstören, sondern ihn nur um eine weitere Facette zu bereichern. Räum dir täglich oder wöchentlich eine Zeit ein, in der du dir erlaubst, anders als gewohnt zu handeln und zu denken. Wenn du dir unsicher bist, was passieren wird, probiere es spontan aus und bewerte dich im Nachhinein. Selbst wenn du damit anecken solltest, wirst du ein erfrischendes Gefühl in dir entdecken und es in anderen indirekt auch stimulieren.

Wer bestimmt, was normal und was verrückt ist? Der mittelalterliche Narr war sicher nicht weniger normal oder verrückt als seine Zeitgenossen, nur bot sich ihm die einzigartige Gelegenheit, aus dem vermeintlichen Makel eine Tugend zu machen. Setz dich daher immer wieder mit dem Konzept von normal und verrückt auseinander und hinterfrage es. Zu seiner Irrationalität zu stehen ist sehr viel konstruktiver, als sich und anderen eine perfekte Welt vorzugaukeln. Zu dir und deiner Unvollkommenheit Ja zu sagen und die Schablonenfreiheit zu genießen ist ein großes Privileg. Ein Narr legt kein gesellschaftliches Make-up auf, er ist ungeschminkt. Er verkörpert am stärksten das Prinzip des großen Loslassens, weil er auf sich und seine Impulse vertraut.

Übung

Insight: der Narr in mir

Charlotte fällt das Loslassen nicht wirklich schwer. Nur manchmal werden in ihr Stimmen laut, die sie ermahnen und verurteilen für ihre unkonventionelle Lebens- und Denkweise. Wie sie diesen Konflikt löst? Sie schreibt darüber und gewinnt zunehmend an närrischer Klarheit.

Die Personen, mit denen ich mich am engsten verbunden fühle und die ich zu meinen besten Freunden zähle, tragen alle einen starken »Narren-Anteil« in sich. Damit meine ich, sie lassen sich in gewissen (mehr oder weniger passenden) Situationen so richtig gehen. Oft sind bzw. waren meine Lieblingsnarren auch meine Partner. Interessanterweise habe ich mich schon immer von solchen Männern angezogen gefühlt, die den Prototyp des Narren verkörpern. Wie sagt man so schön im Volksmund: »Große Klappe, großes Herz«. Mit meinen Lieblingsnarren (Partner oder beste Freunde) amüsiere ich mich meistens köstlich: Wir sind laut und exzentrisch, machen schlechte, derbe Witze, verwenden Ausdrücke, »die sich nicht gehören«, sind kindisch oder animalisch, je nachdem. Dies alles in dem Wissen, dass wir gerade auffallen und unsere Umgebung provozieren. Und genau hier ist mein persönlicher fataler, ambivalenter Knackpunkt. Je nach Laune bin ich voll dabei, habe richtig viel Spaß, bin vielleicht sogar die größte Närrin von allen – und merke gar nicht, dass ich in so einem Moment für andere manchmal wahnsinnig anstrengend bin und ihnen auf die Nerven gehe. Oder aber ich fange an, mich für meine Lieblingsnarren zu schämen und sie plötzlich aus einer komplett anderen Perspektive zu betrachten: aus der moralisch wertenden Warte mit dem arrogant erhobenen Zeigefinger, aus der Sicht der vernünftigen und erwachsenen Persönlichkeit. Ich fange an, sie – und damit implizit auch mich selbst – zu kritisieren und herablassend zu behandeln, weil ich die zur Schau getragene Ausgelassenheit in der Öffentlichkeit als unpassend empfinde.

Aber könnte und sollte mir das nicht vollkommen egal sein, solange niemand verbal oder sonstwie angegriffen wird? Welche Instanz gibt mir das Recht, mich über meine Lieblingsnarren zu erheben? Welcher innere Impuls veranlasst mich dazu, Angst vor der öffentlichen Meinung zu haben, Angst davor, meinen sozialen Status zu verlieren?

Ich habe mich entschieden, zu meinen närrischen Persönlichkeitsanteilen zu stehen. Mich auf eine Wiese zu legen und die Wolken Geschichten erzählen zu lassen, mich im Schlamm zu wälzen, falls ich im Rausch hinfalle, laut zu singen, wenn mir danach ist. Und es sind nicht nur die kleinen Verrücktheiten, sondern auch und vielmehr grundlegende Dinge, die ich mir vorgenommen habe auszuleben. Eben weil sie so befreiend sind:

- Alles aussprechen, was mir auf dem Herzen liegt und mich bedrückt. Sei es einer guten Freundin gegenüber, deren Verhalten mich verletzt, oder meinem Partner gegenüber, vor dem ich mich nicht für irgendwas rechtfertigen möchte, was ich selbst nicht so sehe. Oder auch meiner Chefin gegenüber, indem ich etwas einfordere, was mir zusteht.

- Mich mehr und mehr trauen, meinen eigenen Lifestyle zu entwickeln, zu tragen und zu leben.
- Etwas zu tun, vor dem ich explizit Angst habe. Das kann ein Bungee-Sprung sein, eine Reise alleine, das Erlernen einer neuen, vermeintlich gefährlichen Sportart etc.

Das Leben ist nur halb so schön, wenn wir allen Regeln folgen. Welche Geschichten erzählen wir später, wenn wir alt sind? Die verrücktesten, wildesten Anekdoten natürlich. Was für ein Mensch wollen wir gewesen sein? Immer auf Anpassung bedacht, friedlich, umgänglich, harmonisch und unauffällig? Oft reden wir uns selbst ein, dass man »so etwas« nicht macht, zensieren uns und unsere engsten Herzensmenschen, ohne zu merken, dass das sehr verletzend sein kann. Dabei würden wir uns viel lebendiger fühlen, wenn wir es einfach täten: das Närrische ausleben!

Meine Dankesfibel

Allzu oft wird es unterschätzt, gerade weil es im Sprachge-
brauch Usus ist – das Danke. Floskelhaft und wegen der guten
Kinderstube bedankt man sich bei geschäftlichen Transaktio-
nen, bei der Arbeit, bei Freunden, Familie und auch dann,
wenn man in Wahrheit gar nicht dankbar ist. Man verwendet
es häufig so beiläufig, dass man ganz vergisst, dass dieses kleine Wort eine sehr große Wirkung haben kann.

Jüngere Studien belegen, dass dankbare Menschen sich subjektiv besser fühlen und ihr Leben mehr schätzen. Sie sind glücklicher, weniger depressiv, weniger gestresst und in allen Le-
bensbereichen zufriedener. So weit die Fakten. Sie untermauern,
was du selbst erfahren und überprüfen kannst und sicherlich
auch schon erfahren hast.

Wirkliche Dankbarkeit ist ein Ausdruck tiefer Wertschätzung,
weil sie anerkennt, was einem gegeben und nicht genommen
wurde, was einem geschenkt und nicht entzogen wurde. Es
geht nicht darum, ständig und automatisch Danke zu sagen,
sondern dein Bewusstsein zu schärfen für vermeintliche
Selbstverständlichkeiten. Dein Fokus kann sich vom Mangel
auf die Fülle deines Lebens verschieben, ohne dass du dabei
leugnen müsstest, was dir dennoch fehlt oder was du dir noch
wünschst. Denn wer immer nur darüber weint, was er nicht
bekommen hat, vergiftet sein eigenes System und ist ständig
auf der Suche nach einem Grund für seine Bitterkeit.

Deine Beziehung zu dir und anderen kann sich verändern,
wenn du erkennst, dass nichts selbstverständlich ist – selbst
und gerade das Leben nicht. Du wirst sicherlich viele solcher
lebensbejahenden, dankbaren Momente bereits gespürt und ge-

lebt haben. Dennoch schadet es nicht, dich diesem Gefühl immer wieder bewusst zuzuwenden, so wie in der nächsten Übung. Die Haltung der Dankbarkeit wird dir als Rewriter jede Menge Geschenke bringen.

Mein Dank gilt …

Dankbarkeit ist eine zutiefst individuelle Erfahrung. Du kannst sie allein durch einen Wandel deiner Denkweise bewirken, ohne dass du dein Leben dafür ändern müsstest. Du blickst einfach auf das, was du hast und was dich bereichert. Die folgenden Fragen kannst du als Impulse nehmen, um das Gefühl der Dankbarkeit in dir selbst auszuloten und zu entdecken, wann es besonders aktiv ist: Was bedeutet es für dich, dankbar zu sein? Wann empfindest du Dankbarkeit besonders stark? Was würde dir fehlen, wenn du nicht dankbar sein könntest? Oft fällt es einem leichter, dankbar zu sein, wenn man Positives mit einem Anlass oder einer Person verbindet. Frag dich daher: Wem und was gegenüber kann ich uneingeschränkt dankbar sein? Wer hat zu mir gehalten, als ich sogar mir selbst gegenüber nicht loyal sein konnte? Wie wirkte sich das auf mein System aus? Und wie reagiere ich selbst, wenn andere mir gegenüber dankbar (oder undankbar) sind?

Bei manchen Menschen löst Dankbarkeit eher allergische Reaktionen aus, weil sie fürchten, ihr Dank würde als Schwäche interpretiert. Andere wollen nicht allzu dankbar sein, weil sonst womöglich vergessen wird, was ihnen doch noch fehlt oder nicht gegeben wurde. Oder sie denken, ihnen würde noch mehr zustehen, gerade weil ihnen bisher so viel versagt wurde. Wenn du selbst ein ambivalentes Verhältnis zur Dankbarkeit hast, frag dich, woran das liegen könnte. Inwiefern könnte

Dankbarkeit auch kritisch für mich sein? Was könnte ich selbst tun, um nicht in eine ähnliche Falle zu geraten? Welchen Dank kann ich von anderen voller Freude annehmen, ohne dass er allein meinem Ego schmeichelt? Wie kann ich dankbar sein, ohne mich selbst klein und bedürftig zu fühlen?

Dankbarkeit ist weniger ein singuläres und unbeständiges Gefühl als mehr ein Bewusstsein, das ebenso geschult werden kann wie andere Einstellungen dem Leben gegenüber. Der Mensch lernt über die Wiederholung, dafür muss man nur Kinder beim Vokabellernen beobachten. Was auch immer du oft wiederholst, speichert sich in deinen neuronalen Zellen ab.

Sobald du deine Gedanken aufgeschrieben hast, kannst du selbst ein kleines Dankbarkeits-Training absolvieren, um das nicht nur zu verstehen, sondern auch um zu üben: aufrichtig dankbar zu sein, Tag für Tag.

Das Danke-Protokoll

Versuche dir feste Zeiten einzurichten, um dich in Dankbarkeit zu üben. Du musst sie nicht aussprechen, sondern kannst sie wie eine kleine Kostbarkeit in dir hüten. Wenn du abends im Bett liegst oder morgens aufstehst, frag dich, was dich dankbar macht. Blicke auf den Tag zurück oder begrüße ihn mit einem Danke.

Dein Danke-Protokoll darf ausladend und einladend sein. Scanne dich, dein Leben und dein Umfeld nach Momenten der Dankbarkeit ab. Vielleicht freust du dich, dass du (wieder) gesund bist und keine Schmerzen hast. Vielleicht hast du eine Nachricht erhalten von einer Person, die dir sehr wichtig ist, oder jemand hat dich angelächelt. Vielleicht hat sich dir jemand überraschend anvertraut und dich an seinen geheimsten

Gefühlen und Gedanken teilhaben lassen. Deine Familie möchte dich sehen, deine Freunde möchten dich treffen, dein Kollege hat dich zum Lachen gebracht, deine Pflanzen blühen grüner denn grün – es gibt so viele Gründe und Gelegenheiten, ein Danke mit dem Herzen zu wispern. Gönn dem Kritiker in dir eine Auszeit und genieß, was du hast und bist – weil das alles andere als trivial ist.

Dankbarkeit bezieht sich nicht allein auf Personen, sie kann ein zartes Band zu allem sein, was in dir und um dich herum ist. Auch bei eher negativen Erlebnissen und Gefühlen kannst du dich bedanken. Sie zeigen dir, was für dich zahlt, was du erkannt hast und wonach du dich sehnst. Schöpfe aus dem Vollen, denn wer annehmen kann, kann auch sehr viel geben.

Was ist alles andere als selbstredend? Dass du Zeit und Raum hast, dich besser kennenzulernen und dich kreativ auszutoben? Dass du Fähigkeiten und Talente besitzt? Dass du bist, wer du bist? Vielleicht hast du gerade in schwierigen Zeiten die Flinte nicht ins Korn, sondern dich immer wieder ins Leben geworfen. Womit kannst du dir selbst deine Dankbarkeit dafür ausdrücken?

Werde dir bewusst, dass du privilegiert bist, und frage dich: Was kann ich mir leisten, was andere nicht können? Welche Gelegenheiten werden mir geboten, die anderen verwehrt sind? Erlebe beim Schreiben, wie du dich innerlich auffüllst mit Gefühlen und Gedanken, die das Licht im Schatten erblicken. Versuche diese Übung regelmäßig in dein Leben zu integrieren, um deine Aufmerksamkeit auf das Positive zu lenken.

Dankbarkeit macht dich durchlässiger, empfänglicher und dein Herz größer. Daher ist sie eine kostbare Tugend, die dich stärkt. Und ein Mensch, für den selbst das Wasser, das er trinkt, nicht selbstverständlich ist, wächst an seiner eigenen Empfindsamkeit. So merkst du, dass das Danke viel mehr ist als eine Umgangsform: Dankbarkeit lässt dich den Wert des Lebens an sich erkennen.

Astrid Lindgren, die Erfinderin von Pippi Langstrumpf, beschrieb das Gefühl so: »Manchmal ist es so, als ob das Leben einen seiner Tage herausgriffe und sagte: »Dir will ich alles schenken! Du sollst solch ein rosenroter Tag werden, der im Gedächtnis leuchtet, wenn alle anderen vergessen sind.«

Manifest der Liebe – Das bin einfach ich

Als ich mich wirklich
selbst zu lieben begann,
konnte ich erkennen,
dass emotionaler Schmerz und Leid
nur eine Warnung für mich sind,
gegen meine eigene Wahrheit zu leben.
Heute weiß ich, das nennt man
»Authentisch-Sein«.
Als ich mich wirklich
selbst zu lieben begann,
habe ich aufgehört,
mich nach einem anderen Leben zu sehnen,
und konnte sehen, dass alles um mich herum
eine Aufforderung zum Wachsen war.
Heute weiß ich, das nennt man
»Reife«.
Als ich mich wirklich

selbst zu lieben begann,
habe ich verstanden,
dass ich immer und bei jeder Gelegenheit,
zur richtigen Zeit am richtigen Ort bin
und dass alles, was geschieht, richtig ist
– von da konnte ich ruhig sein.
Heute weiß ich, das nennt sich
»Selbstachtung«.

Dieser Textauszug stammt aus Kim und Alison McMilles Buch *When I loved myself enough* und wird irrtümlicherweise oft Charlie Chaplin zugeschrieben. Viel wichtiger als die Autoren der Ich-Bekenntnisse ist jedoch ihre Botschaft: Ja zu sich zu sagen und sich zu lieben.

In dieser letzten Übung aus dem Bereich Gegenwart kannst du dein eigenes Selbstliebe-Manifest verfassen und der Welt zeigen, wer du bist – mit deinen schönen und deinen weniger schönen Seiten, deinen Erfolgen und Misserfolgen, deinen positiven und deinen negativen Gefühlen und Gedanken. Denn wer, wenn nicht du, kann dir das geben, was sich jeder insgeheim wünscht: Liebe in guten wie in schlechten Zeiten. Nimm dir ausreichend Zeit, um dein Manifest der Selbstliebe zu verfassen. Selbst wenn du gerade nicht in bester Stimmung bist, kannst du in diesem Zustand zu allem Ja sagen und zu dir stehen. Das bedeutet nicht, dass du bestimmte Lebensbereiche nicht infrage stellen oder dein eigenes Selbstbild nicht gelegentlich überprüfen solltest. Doch dich grundsätzlich anzunehmen macht dich stark und widerstandsfähig. Womöglich entdeckst du auch, wie viel Liebe für dich bereits in dir steckt und nun über Worte herausprudeln will. Lausche einfach der Stimme deines Herzens.

Manifest meiner Liebe

Dein Manifest kann mit der Zeit wachsen. Lies dir erst die Fragen und Überlegungen zu den einzelnen Aspekten durch und mach dir erste Notizen. Im Anschluss kannst du dann mit dem Schreiben beginnen. Du brauchst nicht jede Frage zu beantworten und musst nicht auf jeden Punkt eingehen. Bewege dich einfach intuitiv durch die Übung hindurch und erschreib dir dein eigenes Selbstliebe-Bildnis – selbst wenn es nicht absolut und immer wieder Veränderungen unterworfen ist. In den vorangegangenen Übungen hast du dich bereits mit vielen Themen beschäftigt und neue Impulse und Betrachtungsweisen hinzugewonnen. Auch diese kannst du jetzt Revue passieren lassen und in dein Manifest integrieren.

Liebe

Beginne dein Manifest »Das bin einfach ich!« mit Gedanken zur Liebe. Die Liebe ist immer subjektiv und vielgestaltig. Lass dich daher von deinen Eingebungen führen, ohne dich in Gedankenkonzepten zu verheddern und damit ins allzu theoretische Grübeln zu geraten. Was für dich wichtig ist, wird sich dir zeigen. Befrage dich: Wie würde ich mein Leben, meine Taten und Gefühle betrachten, wenn ich mich dabei immer lieben würde? Woran würde ich erkennen, dass ich mich liebe und wertschätze? Versuche dabei die feinen Unterschiede zwischen freier und an Erwartungen geknüpfter Liebe herauszuarbeiten. Wie könntest du dich selbst wertschätzen, selbst wenn du mal Mist gebaut hast? Eine Liebe, die an Bedingungen geknüpft ist, führt nicht selten dazu, dass man unsicher, verletzt und traurig ist. Was verstehst du daher unter wahrer Liebe, egal, ob sie dir oder anderen gilt? Wie kultivierst du sie?

Sollte es dir noch schwerfallen, dich einfach zu lieben, versuche dich wie einen guten Freund zu betrachten. Frag dich: Wie würde ich mit mir umgehen, wenn ich mit mir sehr gut befreundet wäre? Würde ich mich be- und verurteilen oder meine Schwächen kritisieren? Wie würde ich mich selbst umarmen oder trösten?

Je mehr du zu dir selbst stehst, desto freier und ehrlicher kannst du auch im Umgang mit anderen sein.

Geborgenheit

Widme dich nun dem Aspekt der Geborgenheit. Du kannst den Textauszug weiterführen und schreiben: »Als ich mich geborgen zu fühlen begann ...«

Frage dich: Wie zeigt sich innere Sicherheit in meinem Leben? Wann spüre ich besonders stark, dass auf mich Verlass ist? Wie zeige ich mir selbst, dass ich mir alles eingestehen kann, ohne mich dafür zu schämen oder zu verurteilen? Dir selbst Schutz zu bieten ist eine Form des Urvertrauens und der Überzeugung, dass du letztlich nicht tiefer fallen kannst als in dein Herz hinein. Spiele mit diesem Gedanken, selbst wenn er für dich noch fremd sein sollte.

Authentisch ich

Wenn du magst, so notiere dir auch dieses Wort als weiteren Punkt in deinem Manifest. Wie kannst du in deinen eigenen Worten ausdrücken, was es für dich heißt, authentisch zu sein im Sinne von: Das bin ich, und das ist meine innere Wahrheit. Lass dich von folgenden Fragen leiten: Wie kannst du dich zeigen und zu dir stehen, auch wenn innere und äußere Kämpfe zu manchen Narben geführt haben? Wie kannst du dir selbst

Respekt zollen? Welche Worte und Gedanken können ausdrücken, wie stolz du auf dich bist? In welchen Momenten blitzt immer wieder dein authentisches Ich auf und erlaubt dir, ungeahnte innere Ressourcen anzuzapfen?

Allein dass du dich durch diese Übungen mit dir auseinandersetzt, beweist dir deinen Kämpfergeist und deine tiefe Achtung vor der Person, die du bist, warst und sein willst. Authentisch zu sein ist eine tiefe Verbeugung vor dir selbst, ohne dich dabei zu erniedrigen.

Reife

Geh nun über zu dem Begriff Reife, der in dem Manifest für inneres Wachstum steht. Verankere dich während der Übung fest in dir und betrachte, wie du zu dir selbst herangereift bist. Vergleiche dich dabei nicht mit anderen Lebensläufen oder einem überambitionierten Ich-Ideal. Befrage dich dabei: Woran bin ich gewachsen? Was hat mich reifen lassen? Welchen auf den ersten Blick verborgenen Sinn entdecke ich hinter dem, was in meinem Leben zu Turbulenzen und Höhenflügen geführt hat? Was hätte ich nicht über mich erfahren können, wenn mein Leben nur reibungslos verlaufen wäre? Welchen Weg gehe ich, weil er mir entspricht?

Allein das Leben zu bewältigen ist eine hohe Kunst und fordert gelegentlich Opfer und Kompromisslosigkeit.

Selbstachtung

Spiele abschließend mit dem Gedanken, dass dir alles zur rechten Zeit widerfahren ist. Hast du Achtung vor dir? Warum ist diese Betrachtungsweise für deinen eigenen Lebensweg bedeutsam? Frag dich weiter: An welchen Gedankengängen und

Formulierungen wäre ersichtlich, dass ich mich achte? Wie kann ich mir gegenüber noch loyaler sein? An welchen Werten und Wünschen habe ich immer festgehalten, selbst wenn es nicht leicht war?

Vor dir selbst Achtung zu haben ermöglicht dir, dein Leben in größeren Zusammenhängen zu sehen und dich nicht im Klein-klein des Alltags zu verstricken. Schenke dir daher so viel Selbstachtung wie möglich – nicht immer, aber so oft es geht.

Dein Manifest »Das bin einfach ich!« kannst du noch um weitere programmatische Botschaften erweitern, du kannst bestehende überarbeiten oder wieder neu Position beziehen.

Gut möglich, dass die Liebe zu dir selbst immer wieder harten Bewährungsproben unterworfen ist. Daher kann dieses Bewusstsein nicht gut genug geschult werden, weil es dir hilft, dich selbst zu bejahen und dem Prinzip der authentischen Stimme zu folgen.

»Als ich mich wirklich selbst zu lieben begann …« – richte dich und dein Leben immer wieder nach dieser Zauberformel aus. Das Manifest hütet deine Liebe, die sich in Gedankenspielen, Gefühlen und im Leben offenbart. Du verankerst und positionierst dich damit und kannst so nicht nur dir selbst ein Vorbild sein, sondern vielen anderen Herzkämpfern auch.

Übung

Insight: Das bin einfach ich!

Sibylle hat ihr eigenes Manifest der Selbstliebe verfasst und beschreibt darin, wie viel Liebe bereits in ihr vorhanden ist und worauf sie mit Achtung und Respekt schaut. Sich ihrer selbst zu vergewissern erlaubt ihr, ihre Schönheit zu sehen und dennoch zu erkennen, an welchen Stellen sie sich noch mehr zutrauen dürfte zu sagen: Das bin einfach ich.

Liebe

Weil ich mich selbst liebe, kann ich mir meine körperlichen und emotionalen Schwächen verzeihen.

Weil ich mich selbst liebe, gehe ich den Weg, der für mich der richtige ist, auch wenn er in den Augen anderer unverständlich ist.

Weil ich mich selbst liebe, achte ich auf meine Gesundheit.

Weil ich mich selbst liebe, umgebe ich mich mit Menschen, die mir guttun, die mich inspirieren, halten und denen ich etwas geben kann.

Weil ich mich selbst liebe, achte ich darauf, nur noch Dinge zu tun, die mir keine Energie stehlen.

Weil ich mich selbst liebe, erlaube ich mir einfach nur zu sein, ohne ein Müssen und Drängen.

Geborgenheit

Als ich mich geborgen zu fühlen begann, konnte ich mich anderen gegenüber öffnen, weil ich mich so viel sicherer fühlte.

Als ich mich geborgen zu fühlen begann, konnte ich mit mehr Mitgefühl handeln.

Als ich mich geborgen zu fühlen begann, erlaubte ich mir, ich zu sein, meine Maske fallen zu lassen und meinen tiefen Wünschen zu folgen.

Als ich mich geborgen fühlte, haderte ich nicht mehr mit dem Leben, sondern ließ mich vom Lebensfluss tragen.

Als ich mich geborgen fühlte, nahm ich zum ersten Mal meine Dankbarkeit wahr.

Als ich mich geborgen fühlte, konnte ich die Magie des Lebens begreifen.

Authentisch ich

Ich bin authentisch ich, wenn ich mir erlaube, über meinen Schmerz zu trauern, anstatt ihn wegzuschieben.

Ich bin authentisch ich, wenn ich meine Unsicherheit spüre und mir erlaube, sie da sein zu lassen, ihr Raum gebe.

Ich bin authentisch ich, wenn ich kein Gefühl in mir unterdrücke.

Reife

Durch alle Niederlagen und tiefen Täler bin ich schlussendlich auch gereift, da ich mich notgedrungen intensiver mit mir selber auseinandergesetzt habe und so vom Blinden zum Sehenden geworden bin. Ich habe gelernt, mich in mir zu verankern, sodass mich die Stürme, die kommen, nicht mehr schnell umwerfen. Die Reife, die ich jetzt habe, lässt mich wissen, dass alles im Leben im Fluss und einer ständigen Veränderung unterworfen ist. Und doch ist Reife nie ein abgeschlossener Prozess, es gibt immer Neues zu lernen und zu entdecken.

Selbstachtung

Ich achte mich selber, und doch ertappe ich mich manchmal dabei, mich mit anderen zu vergleichen und mich selber schlecht und kleiner zu machen. Mein volles Potenzial, was meine Selbstachtung und Selbstwertschätzung betrifft, habe ich noch nicht ausgeschöpft. Selbstachtung fühlt sich an wie ein Instrument, das man spielen lernen muss, damit irgendwann ein goldener Ton erklingt.

REISE IN MEINE ZUKÜNFTE

Sie tuckerte durch deine Vergangenheit, verschnaufte in deiner Gegenwart, und nun glüht ihr Körper vor Ungeduld und Neugier. Passend zum Anlass hat sich die Schreiblokomotive ein neues UFO-Outfit zugelegt. Mit Neon-Lichtsignalen ruft sie deine Schreibfreunde und dich zusammen: Weiter geht's in deine vielen Zukünfte! Voran in deine Wünsche, Vorstellungen, guten und schlechten Vorsätze, Ängste und Visionen!

Manche Wünsche und Ängste werden sich bewahrheiten, andere als Illusion enttarnt. Kannst du dir selbst ein guter Wahrsager sein? Oft verbindet man mit bestimmten Zukunftsszenarien Vorstellungen wie: »Sobald ich dieses Ziel erreicht haben werde, werde ich dauerhaft glücklich sein« oder »Wenn ich diesen Schicksalsschlag erleide, werde ich nie wieder glücklich sein können«. Zum Glück entspricht weder das eine noch das andere der Realität; es ist festgestellt worden, dass eigene Voraussagen, wie man mit bestimmten Ereignissen umgehen wird, oft alles andere als zutreffend sind. Spätestens nach ein paar Jahren pendeln sich die Gefühle auch nach großen emotionalen Ausschlägen wieder auf ihrem ursprünglichen Level ein. Auch Emotionen haben eine Art von Grundumsatz, der sich nicht von den Jo-Jo-Effekten des Lebens beeindrucken lässt.

Doch wie die Vorfreude auf bestimmte Ereignisse können dich auch Befürchtungen in Bezug auf Zukünftiges beeinflussen. Je besser du dich kennengelernt und auch in den dunklen Ecken deines Geistes aufgeräumt hast, desto mehr Ressourcen stehen dir zur Verfügung, um dich in einer neuen Situation zurechtzufinden.

Ein Stück weit lassen sich manche zukünftigen Zustände auch antizipieren. Du kannst dich dabei auf Erfahrungswerte berufen und mit dem Wahrscheinlichen rechnen, unterschiedliche Szenarien abgleichen und dich bestmöglich vorbereiten. Dennoch: Je weiter entfernt sie von deinem gegenwärtigen Moment sind, desto größer kann der Überraschungseffekt sein.

Und selbst wenn du dich noch so gut kennst und weißt, wo du hinwillst – immer wieder gibt es nicht prognostizierbare Strömungen und Umschwünge, und plötzlich ist vieles offen, unberechenbar und möglich. Dann ist dein Vorstellungsvermögen dazu aufgefordert, flexibel zu reagieren. Ein U-Turn im Bewusstsein: Du verabschiedest dich von Sicherheiten und Erfahrungswerten und kannst letztlich nur darauf vertrauen, dass sich alles fügen wird und du zur rechten Zeit wissen wirst, was zu tun ist.

Wenn du günstige Gelegenheiten am Schopf packen willst, nutze dafür den richtigen Moment. Sei achtsam und gegenwärtig, und ergreife die Chance, anstatt zu warten, bis alles so eintritt wie von dir vorhergesagt oder gewünscht. Wüsstest du sicher, was eintreten wird, wie in welchen Bahnen dein Leben verlaufen wird, müsstest du dann noch fiebern, hoffen, Pläne schmieden und wieder verwerfen? Das Nicht-sicher-Wissen kann deine Fantasie beflügeln, weil der Zukunft keine imaginativen Grenzen gesetzt werden.

Die Science-Fiction-Literatur ist zwar schon oft über das reale Ziel hinausgeschossen, aber in Fantasien über das Morgen steckt oft mehr als nur ein Fünkchen Wahrheit und Pioniergeist. Weil man darin nicht nur das Bekannte auf die Zukunft projiziert, sondern auch mit neuen Gedanken Möglichkeiten andenkt und gestaltet. Doch Achtung, unangenehme Dinge lassen sich bequem auf das Morgen verschieben. Was dir heute schwerfällt, kannst du besser im Irgendwann erledigen. Das vielgesichtige Futur hilft einem, ja nicht schon heute die Komfortzone verlassen zu müssen.

Nur – auf bessere, andere und schönere Zeiten zu warten bindet deine Kraft. Du trägst energetisches Hüftgold mit dir herum und wirst lahmer statt mobil. Das Ungewisse kann aber auch ein starker Motor sein. Mit deinen Vorstellungen gehst du schwanger, aber wann, ob und wie sie das Licht der Welt erblicken, ist das Geheimnis der Zukunft.

Sieh deine Schreibfreunde als Hebammen, die mit kreativen Erzählweisen die Geburt deines zukünftigen Ichs vorbereiten. Und deine Lokomotive heizt du an mit den Rewriting-Prinzipien, du spürst deine Glaubenssätze auf, hörst auf deine authentische Stimme und übst dich im großen Loslassen. Du hast bereits jede Menge über dich erfahren und entdeckt, wie viel in dir schlummert und worauf du dich verlassen kannst. All das hilft dir, der substanzlosen Zukunft mit innerer Festigkeit und kreativer Beweglichkeit entgegenzuschreiben.

Mehr über deine Ängste erfahren, deine Vorsätze überprüfen, dein Vertrauen stärken und ein »Ich bereue nichts« üben – im letzten Teil der Übungen kannst du dich stärker herausfordern. Als Rewriter wirst du zum Gestalter deiner Weltsicht und formst dadurch dein Leben, sei es in der Vergangenheit, der Gegenwart oder der Zukunft. Und so wie dein Schreiben in dein Sein hineinfließt, so fließt es auch stetig in die neuen Zukunfts- und Erzählformen hinein, die die folgenden Übungen für dich bereithalten.

»Die wahre Entdeckungsreise besteht nicht darin, dass man nach neuen Landschaften sucht. Sondern dass man mit neuen

Augen sieht«, sagte Marcel Proust. Mach dich also bereit für eine Fahrt in die Zukunft, sie wird dir viele unerwartete Begegnungen, Hoffnungen und Ängste bescheren. Und wenn der Zufall dich besucht, kannst du ihn mit neuen Augen willkommen heißen.

Die Angst vor morgen – mein Fin-de-Siècle-Feeling

Was bringt meine Zukunft mit sich? Werden sich meine Ängste und schlimmsten Befürchtungen bewahrheiten? Wie kann ich Sicherheit in ein Morgen bringen, das noch nicht greifbar ist? Statt bewusst ins Ungewisse zu steuern, versucht man sich mit Konzepten, Erwartungen, Plänen und Vorstellungen zu wappnen. Nicht immer ist diese Strategie der vermeintlichen Kontrolle konstruktiv: weil sich Gefühle, die sich auf die Zukunft beziehen, bereits in deiner Gegenwart auswirken. Du hast sie immer nur im Hier und Jetzt.

In der folgenden Übung kannst du dir deine Ängste anschauen, erfahren, wie sie auf dich wirken und die Wahrscheinlichkeit ihres Eintretens überprüfen. Je stärker du dir der eigenen Abwehrmechanismen bewusst wirst, desto leichter wirst du sie handhaben können.

Meine Ängste in Fin-de-Siècle-Manier

Der Begriff Fin de Siècle steht für ein ängstlich-sensitives Lebensgefühl um die Wende des vorletzten Jahrhunderts. Vor allem die Künstler dieser Zeit griffen die spezifische Befindlichkeit auf, die zwischen Zukunftseuphorie und diffuser Zukunftsangst waberte, und antworteten darauf mit Weltschmerz, expressiver Lebenslust und einer Faszination für das Morbide und Endliche. Sie stilisierten ihre Ängste zu einer Kunstform, um sie bändigen zu können.

Nimm dir für diese Übung Zeit und genieße es, in deine persönliche Endzeitstimmung einzutauchen und deine Ängste wie kleine Seeigel aus ihr herauszufischen, ohne dich von ihnen piksen zu lassen. Beschreibe, welche Befürchtungen du hast, wenn du an die Zukunft denkst. Was könnte eintreten, was dir heute bereits Angst macht? Scheue dich dabei nicht, auch unrealistische Gedanken zu Wort kommen zu lassen. Schließlich sind sie in dir. Sie dürfen nun ungefiltert ausgespuckt werden, damit sie dich nicht verstopfen. Betrachte deine Ängste genau: Was für Ängste hast du, und was lösen sie in dir aus? Manche sind vermutlich nicht so tragisch, andere machen dich aber richtig panisch. Fürchtest du dich davor, dass deine Wünsche und Hoffnungen an der Zukunft abprallen werden? Dass sich einige dir liebe Menschen aus deinem Leben verabschieden?

Beschreibe die unterschiedlichen Ängste, die von der Zukunft auf dein Heute einwirken. Um sie zu konkretisieren, kannst du sie in Kategorien aufteilen. Manche Ängste kreisen allein um dich, andere um die Gesellschaft, in der du lebst, oder um Freunde und Familie. Was auch immer du befürchtest für dich und andere – wage es, die Dinge wie Rumpelstilzchen im Märchen beim Namen zu nennen. Denn nichts verängstigt mehr, als nicht genau zu wissen, wovor man sich fürchtet. Bestimme dabei auch den jeweiligen Angstgrad, von eins für schwach bis zehn für Panik. Wenn du alle deine Seeigel an die Oberfläche deines Bewusstseins gebracht hast, ist es Zeit, sie zu sezieren und zu portionieren. Schüttle dir dafür auch dein persönliches

Fin de Siècle aus dem Kopf, denn jetzt geht es nicht mehr darum, deine Ängste zu dramatisieren, zu stilisieren oder auf ihnen zu segeln, nun geht es darum, sie zu verstehen und zu überprüfen – und das mit einem schnörkellosen Realitätscheck.

Veto – wider meine Ängste

Wähle dir nun eine erste Angst aus und betrachte sie. Folgende Fragen können dich dabei unterstützen. Beantworte nicht alle, sondern nur die für dich passenden.

Welche Fakten sprechen für deine Angst? Kannst du dich auf Erfahrungswerte berufen? Hat sie sich in deiner Vergangenheit bereits bewahrheitet? Wie bist du damals mit ihr umgegangen? Manche Ängste können dich eher mobilisieren, andere dich lähmen oder unter Druck setzen. Wie wahrscheinlich ist es, dass sich genau jene Befürchtung in der Zukunft wieder bewahrheiten wird? Überlege dir, wie du dich auf zukünftige Situationen, die heute schon dein Herz schwitzen lassen, vorbereiten könntest. Welche Möglichkeiten gäbe es?

Falls du die Angst auf deiner Skala irgendwo zwischen acht und zehn eingeordnet hast, frag dich, wie sie sich nach unten skalieren ließe. An dieser Stelle darfst du noch kritischer werden. Was wäre das Schlimmste, was passieren könnte? Wie wahrscheinlich ist dieses Szenario? Und wie könntest du am besten damit umgehen? Es ist durchaus sinnvoll, sich auf den Worst Case vorzubereiten und ihn im Hinterkopf zu behalten – aber nicht, ohne ihn vorher einem Realitätscheck zu unterziehen.

Sicherlich wirst du bei deinem Realitätscheck realistische Ängste entdecken, deren Ursache aber gerade nicht zu ändern ist. Dann gibt es andere, die realistisch sind, an deren Ursache du aber sehr wohl etwas machen kannst, und schließlich sind da die irrationalen Ängste, die dich einfach nur in deiner Lebensqualität einschränken. Überprüfe daher lieber deine Befürchtungen, als deiner Zukunft jede Beweglichkeit und Offenheit zu nehmen – und dich überdies bereits heute schlecht zu fühlen. Denn selbst wenn sich einige davon bewahrheiten sollten, wirst du dir zumindest davor nicht dein Leben mit Seeigel-Ängsten vermiest haben.

Hashtag What if – ab morgen wird alles besser, schöner, anders

Morgen höre ich auf: Süßigkeiten zu essen, mich ständig mit digitalen Medien abzulenken, Geld auszugeben oder meine Lebenszeit sinnlos zu verschwenden.

Morgen fange ich an: kreativer zu sein, mich mehr mit Freunden zu umgeben, mit einem neuen Hobby, einer Detox-Kur oder damit, meine Wünsche zu verwirklichen.

Träume von einer besseren Zukunft sind verführerisch. In den buntesten Farben kannst du dir ausmalen, was morgen alles besser, schöner und anders sein wird – ohne dass du dich mit dem eher unangenehmen Aspekt deiner Vorsätze beschäftigen musst – der konkreten Umsetzung. Wer sich ausmalt, ab morgen seine Ernährung umzustellen, kann heute noch Ungesundes essen. Weil eben erst morgen oder übermorgen alles anders wird, doch nicht jetzt. Auf diese Weise kannst du dein ganzes Leben mit Versprechen pflastern – ohne sie je einzulösen. Nur Vorsätze, die du heute, die du jetzt umsetzt, zwingen dich zu beweisen, wie ernst es dir mit deinem Vorhaben ist. Sie fordern Disziplin, Durchhaltevermögen und Willen von dir, denn durch Zukunftsfantasien wird sich nichts ändern. Und Wunder sind zwar schön, auf sie verlassen solltest du dich aber nicht. Dann doch lieber auf dich selbst.

What if

In der folgenden Übung kannst du verschiedene *What-if*-Szenarien entwerfen, um deine Vorhaben nicht endlos auf ein Morgen zu verschieben, sondern sie auf ihre Durchführbarkeit hin zu überprüfen. Vielleicht erkennst du dabei auch, dass bei manchen Zielen keine wirkliche Notwendigkeit besteht, sie zu verfolgen – eine Einsicht, die möglicherweise besser ist, als dich weiterhin selbst zu täuschen oder mit Traumgebilden zu besänftigen. Wie befreiend – so kannst du mit deinen Vorsätzen aufräumen und einige dabei ausmisten, weil sie mehr deinem Wunschbild von dir entsprechen denn dir selbst.

What-if-Szenarien

Was wäre, wenn? Überlege dir, was du schon lange vor dir herschiebst oder noch immer mental oder emotional vorbereitest, anstatt wirklich damit zu starten. Geh Vorsatz für Vorsatz durch, um ihn aus unterschiedlichen Blickwinkeln zu betrachten. Folgende Überlegungen können dir helfen, dich tiefer in die Essenz deiner Vorsätze hineinzuschreiben. Frag dich: Inwiefern ist dieser Vorsatz für mich wichtig? Warum möchte ich ihn umsetzen? Was erhoffe ich mir langfristig davon? Was hat mich bislang davon abgehalten, oder woran bin ich bereits gescheitert? Welche unangenehmen Aspekte würde mein Vorhaben mit sich bringen? Was müsste ich eine Zeit lang aushalten, um langfristig zu profitieren? Welche Prüfungen bestehen?

Wenn du dir alles notiert hast, frag dich, was dich jetzt noch abhält und ob der Grund wichtig ist. Falls du dich nun trotz allem nicht aufraffen kannst, streiche das Ziel von deiner Liste – und zugleich dein schlechtes Gewissen. Dann passt dieses Ziel eben doch nicht oder in einer anderen Lebensphase besser. Nur strafe dich nicht für etwas, was du (noch) nicht zu ändern bereit bist. Konzentriere dich lieber auf die Ziele, die weniger Widerstand in dir auslösen.

Hashtag – jetzt!

Zieh nun deinen Zukunftsplan in die Gegenwart hinein. Was wäre, wenn du heute schon mit der Umsetzung beginnen würdest? Und selbst wenn es nur für fünf Minuten wäre. Wie sähen diese fünf Minuten aus? Womit könntest du dich motivieren? Mit welchen Sätzen dich befeuern? Wie deine Trägheit oder Angst überlisten? Oft hilft es, sich zu vergegenwärtigen, wie wenig fünf Minuten im Verhältnis zu 24 möglichen Stunden sind. Was hättest du also zu verlieren? Wenn du dich schlecht vorbereitet fühlst, was könntest du daran ändern?

Liste akribisch auf, welche Gedanken, Gefühle und realen Auswirkungen auftreten könnten, wenn die Aufschieberitis verschwunden wäre.

Falls du heute aus gutem Grund nicht starten kannst, setz dir einen realistischen Termin, an dem du beginnst. Und such dir Unterstützung: Wen könntest du einweihen, der dir zur Seite stehen kann, ohne zu viel Druck auszuüben? Wer könnte dich beraten oder aus eigener Erfahrung berichten? Setz auch eine kleine Meilenstein-Liste auf und belohne dich für jeden noch so kleinen Schritt – vielleicht sogar mit einer Auszeit von den eigenen Verwirklichungsplänen. Wenn du zu autoritär und ambitioniert mit dir umgehst, wirst du dich eher entmutigen, schließlich gibt es einen Grund, weswegen du dich bislang gedrückt hast. Mach die Etappen erreichbar und quäl dich nicht, wenn es nicht gleich auf Anhieb funktioniert. Du kannst dich auch belohnen für jeden Tag, an dem du dich in welcher Form auch immer mit deinem Vorsatz beschäftigt hast. Schreib dir eine aufmunternde Notiz, bewerte den Tag mit einem Superlike oder besorge dir Murmeln, von denen du eine für jeden erfolgreich durchgezogenen Tag in eine Schale legst. Am Ende hast du eine buntgefüllte Murmelschale, die dich an deinen Erfolg erinnert. Recherchiere immer neue Techniken, die dir helfen können, dein Vorhaben durchzuziehen.

Hashtag morgen in einer Woche

Stell dir nun vor, wie du dich in einer Woche fühlen würdest, hättest du dein Ziel bis dahin regelmäßig verfolgt. Was wäre anders im Vergleich zu dem »Ich starte morgen«-Gefühl? Stolz, Hochgefühl, Tatkraft – welches Gefühl wäre da? Welche Dinge würden dir nun vielleicht besser gelingen? Und was wäre noch immer eine Herausforderung? Gäbe es Überraschungseffekte? Mal dir das Szenario »Morgen in einer Woche« plastisch aus und benenne die Unterschiede zu den von dir angenommenen Anfangsschwierigkeiten und ersten Euphoriezuständen. Berichte, beichte und bewundere dich: Wie hättest du dich mittlerweile beschenkt oder überlistet? Wem stolz davon erzählt?

Hashtag morgen in einem Monat

Nun wandere auf deiner Zeitachse noch weiter nach vorn und stell dir vor, dass du dein Vorhaben schon seit einem Monat in die Tat umgesetzt hast: Was wäre nun wieder anderes im Vergleich zu den früheren Stadien? Was würde dir besser gelingen? Gäbe es vielleicht neue Erkenntnisse? Auch wenn es nur ein Gedankenspiel ist, mal dir deine Befindlichkeit aus. Wie groß wäre deine Belohnungskiste? Wärest du mal eingeknickt? Wie hättest du dich wieder auf deinen Vorsatz eingestimmt? Fühlt es sich leichter ein, dein Versprechen an dich eingelöst zu haben? Vielleicht würdest du dich sicherer fühlen und merken, dass es zwar schwer war, aber doch lohnenswert.

Mit dem perspektivischen Hashtag hast du nun kleine Ankerpunkte gesetzt, um dir ein Gefühl dafür zu geben, welche Prüfungen und Meilensteine auf dich zukommen könnten, wenn du dein Vorhaben in die Tat umsetzt. Ob alles so eintreffen wird, kannst du neugierig überprüfen: jetzt, in einer Woche, in einem Monat und immer weiter in der Zukunft.

Jede Prüfung, die du bewältigst, wird dich reifen lassen und stärken, weil du komfortable Grenzen überschritten und Neuland betreten hast.

Non, je ne regrette rien – nichts bereuen

Non, je ne regrette rien. Mit diesem Lied feierte die berühmte französische Chanson-Sängerin Edith Piaf ihr großes Comeback. Nein, ich bereue nichts. Die bereits todkranke Piaf sang darin auch über ihr eigenes Leben. Über ihre Affären, ihre Karriereeinbrüche, ihren Alkoholismus, ihre Verfehlungen, aber auch über ihre Leidenschaft, ihre Liebe zur Musik, ihr Lebensfeuer – nein, kurz vor ihrem Lebensende wollte und hatte sie nichts zu bereuen.

215

Hast du dich selbst schon einmal gefragt, was du an deinem Lebensende vielleicht bereuen könntest? In der folgenden Übung kannst du dich auf der Zeitachse nach vorn schreiben, um zu erkennen, was du am Lebensende ungern bedauern würdest. Unterstützung wirst du von deinem älteren Ich erhalten, das dir zur Schreibhilfe kommen wird. Lass dich vorurteilsfrei auf das kleine Experiment ein und begegne deinen Wünschen, deiner Ambivalenz und deinem zukünftigen Selbst, das sprichwörtlich so alt wie Methusalem werden kann.

Je (ne) regrette (rien)

Frag dich im ersten Schritt, was du dir für deine Zukunft wünscht. Was möchtest du morgen sein, was du heute noch nicht bist? In welche Richtung weiterwachsen? Welche Experimente wagen? Woran dich messen? An welchem Ort sein? Wer soll dich umgeben? Schreib detailliert auf, wo und wie du dich sehen willst. Je plastischer und konkreter du dir deine Vorstellungen ausmalst, desto mehr wird dir auch einfallen. Welche Träume liegen in dir und wollen erwachen? Gibt es Gefühle, die du stärker entfalten möchtest? Gedanken, denen du mehr Raum geben möchtest? Wringe aus der Zukunft alle deine Erwartungen und Sehnsüchte heraus. Sie zeigen dir, welche Qualitäten sich mehr entfalten dürfen.

In einem zweiten Schritt kannst du nun einzelne auswählen, um genauer hinzusehen. Welche Risiken und Konsequenzen siehst du auf dich zukommen, wenn du umsetzt, was du dir erhoffst? Was müsstest du investieren, damit sich die Zukunft in die erwünschte Richtung entwickelt? Gestalte eine Pro-und-Contra-Liste, die du mit Informationen, Bedenken, Herausforderungen füllst.

Ich als Methusalem

Wenn du nüchtern einige Erwartungen, Veränderungswünsche und Träume notierst und ihre Folgen abgewogen hast, lass dein betagtes Ich aktiv werden. Stell dir dafür vor, wie du während des Schreibens sukzessive alterst, bis du ein biblisches Alter erreicht hast. Wie sehen deine Haut, deine Haare, dein Körper aus? Was für ein Mensch wirst du sein? Sei auch hier sehr präzise und zeichne dich mit markanten Strichen.

Dein zukünftiges altersweises Ich kann dich nun aus seiner Perspektive beraten: Was zu bereuen lohnt sich und was lohnt nicht? Im Alter findet man viele Dinge weniger dramatisch, herausfordernd oder lebensentscheidend. Dennoch wird dein betagtes Ich deine heutigen Bedürfnisse und Sorgen verstehen, weil du schließlich sein jüngeres Ich bist. Schildere ihm daher vor allem die Ziele, die in dir trotz Pro-und-Contra-Liste eine Ambivalenz ausgelöst haben. Hinterfrage dich ehrlich und offen und tausch dich in Gedanken mit deinem älteren Ich aus. Welche Position würde es vertreten? Wie würde es einzelne Vorsätze und Wünsche interpretieren? Sind sie wirklich gut und förderlich für dich, oder würden sie dich eher schwächen, weil sie dir im Grunde nicht entsprechen?

Bisweilen will man lieber dem eigenen Image gerecht werden als sich selbst. Experimentiere immer wieder mit der Perspektive aus der Zukunft, wo dein älteres Ich mit dir spricht, die Dinge relativiert und abwägt. Deinem Methusalem-Ich sind persönliche Eitelkeiten vielleicht weniger wichtig als dir heute. Welche entscheidenden Sätze könnte dein gereiftes Ich sagen, damit du dich traust, freier, kreativer und offener zu sein? Es ist ein kreatives Austarieren, zu welchen Handlungen und Taten du stehen kannst, ohne sie zu bereuen. Welche Tipps könnte dir dein älteres Ich fürs Durchhalten geben, wenn es weiß, wie wichtig eine bestimmte Erfahrung für dich wäre? Zu welchen kleinen Schritten könnte es dich motivieren? Welche Bedenken weglächeln? Wo dich eher bremsen? Plaudere mit deinem alten Ich, bis du hinter deine noch ambivalenten Zukunftsziele ein »Nein, ich bereue nichts« oder ein »Ja, ich würde es bereuen« setzen kannst. Wenn die Wünsche wirklich deinem Wesen entsprechen, wirst du spüren, dass du weniger zu Schuld und Reue tendierst – weil sie einfach deinem Weg entsprechen.

Beende die Übung und sei zufrieden mit dem, worin ihr übereinstimmt, dein älteres Ich und du. Diese Dinge mögen sich ändern, denn auch du wirst dich wandeln und von allein erkennen, ob sich bestimmte Vorstellungen bewähren werden.

Letztlich kann nur der Lebensmutige klar Position beziehen, ohne aus sich selbst einen Sündenfall zu machen. Weil er etwas wagt, anstatt aus Angst, eines Tages für seine Taten bestraft zu werden – und sei es nur durch Schuldgefühle und Gewissensbisse –, handlungsunfähig zu werden.

Und merke: Kein Fehler muss verloren, kein unerfüllter Wunsch frustrierend sein, wenn du daraus Einsichten für dich gewinnst und diese mit anderen teilst. So könnt ihr, du und dein altersweises Ich, mutig wie Edith Piaf sagen: *Non, je ne regrette rien.*

Ich-Trends – wer werde ich sein?

Es gibt Menschen, die beschäftigen sich beruflich mit der Zukunft: Sie machen Trends aus, nehmen Entwicklungen vorweg und identifizieren gesellschaftliche, individuelle und politische Strömungen, die in nicht allzu ferner Zeit relevant werden können. Damit sie nicht mit Wahrsagern und Propheten in einen Topf geschmissen werden, legitimieren sie ihre Prognosen mit Wahrscheinlichkeitsberechnungen, Analyseverfahren und datenbasierten Tools. Diese Menschen werden Zukunftsforscher genannt.

In der folgenden Übung kannst du dich selbst in die Rolle eines Zukunftsforschers begeben, um Trends zwar nicht für die Welt, aber für dich selbst zu bestimmen. Projiziere dafür dein Selbst in deine unmittelbare Zukunft hinein. Immerhin verfügst du über ausreichend Lebensmaterial, aus dem du wichtige Daten extrapolieren kannst, um bestimmte zukünftige Entwicklungen bei dir vorherzusagen. Betrachte deine Prognosen als ein Spiel mit Wahrscheinlichkeiten und Möglichkeiten. Trends tauchen wie aus dem Nichts auf, werden groß, verlieren an Kraft, verschwinden und kehren wieder. Mit ein wenig Vorbereitung kannst du auf deiner eigenen Trendwelle surfen, anstatt von ihr überrollt zu werden.

Du kannst dich in dieser Übung in drei verschiedenen Ich-Trends austoben und diese in unterschiedlichen Zeitabständen beworten.

Ich-Trend: Unglaub-möglich

In diesem Szenario prognostizierst du eine einwöchige Entwicklung deiner selbst, die unwahrscheinlich ist, aber wünschenswert wäre.

Entwirf einen »Unglaub-möglich«-Trend, der dich prägen könnte. Wie sähe er aus? Woran würde der Trend ersichtlich an dir? Beschreibe en détail, wie du im Umgang mit dir und anderen sein würdest.

Was könnte konkret passieren? Als Zukunftsforscher solltest du über gesicherte Daten verfügen, damit das Szenario nicht vollkommen auf Sand gebaut ist. Eine Reihe von Fragen kann dich weiterfantasieren lassen: Was ist heute schon bei dir vorhanden, weshalb sich dieser Trend aller Wahrscheinlichkeit zum Trotz bewahrheiten könnte? Über welche inneren und äußeren Ressourcen verfügst du? Wird er sich jeden Tag ein bisschen mehr ankündigen, um sich dann binnen einer Woche vollständig zu entfalten? Schließlich verfügt auch diese Strömung über bestimmte Erkennungszeichen. Woran werden andere bemerken, dass sich ein neuer Trend bei dir durchgesetzt hat? Welche Stimmung wird diesen Ich-Zeitgeist begleiten? Vielleicht kleidest du dich anders, ein anderer Lebensrhythmus setzt ein, oder du wirst zur kreativen Supernova. Wird deine Umwelt daran beteiligt sein, oder werden bestimmte Ereignisse diesen auslösen? Werde konkret und forsche in deiner Gegenwart nach der zukünftigen Entwicklung. Erklär dir selbst, unter welchen Umständen der Kurswechsel gelingen könnte.

Filtere abschließend aus deinen Notizen die wichtigsten Fakten heraus: Was ist an deinem Ich-Trend charakteristisch? Wie äußert er sich bei dir und in deinem Leben? Was wird er zur Folge haben? Welche Fakten sprechen für dieses eher unwahrscheinliche Szenario? Und vor allem: Warum ist dieser Trend so verlockend? Leg deine Zusammenfassung beiseite und stell dir einen Wecker, der dich nächste Woche an sie erinnert. Bis dahin kannst du sie sicher verwahren und vergessen. Sobald dein Reminderalarm schlägt, lies deine Notizen erneut und schmunzle, lächle oder sei erstaunt über deine Qualitäten als Zukunftsforscher.

Ich-Trend: Mainstream

Als begabter Zukunftsforscher entwirfst du ein weiteres Szenario und gehst ähnlich vor wie bei dem vorangegangenen Ich-Trend. Nur bist du nun um einiges konservativer, sprich mainstreamiger, in deinen Aussagen. Du überprüfst, ob der Trend wahrscheinlich und wünschenswert zugleich sein kann, und entwickelst eine Prognose für den Zeitraum von einem Monat. Welcher Ich-Trend würde dich reizen, der sich ohne viel Aufwand bei dir abzeichnen könnte? Was müsste in diesem Monat geschehen, damit er sich etablieren kann? Frag dich auch hier, warum du diese Entwicklung begrüßen und befeuern würdest. Welche Zeichen deuten bereits jetzt darauf hin, dass du als Zukunftsforscher durchaus positiv gestimmt sein kannst? Welche Ereignisse könnten relativ sicher eintreten und dich positiv beeinflussen? Was wird anders sein im Vergleich zu deiner jetzigen Situation? Mal dir diesen Trend so konkret wie möglich aus und filtere wieder bezeichnende Fakten heraus, um sie festzuhalten: Was ist charakteristisch? Wie manifestiert sich der Trend bei dir und in deinem Leben? Was wird das zur Folge haben? Welche Fakten sprechen für dieses wahrscheinliche Szenario? Und vor allem: Warum ist dieser Trend eine Veränderung wert?

Lass dich diesmal in einem Monat von deinem Alarm an deine Notizen erinnern. Erst dann überprüfe deine Prognosequalitäten und bewerte sie. Sei neugierig und offen: Selbst wenn der Trend sich noch nicht durchgesetzt hat, kann er noch immer an Einflusskraft gewinnen. Manche Entwicklungen treten eher früher und manche eher später ein – und manche zu einem Zeitpunkt, wenn du selbst gar nicht mehr damit rechnest.

Ich-Trend: Avantgarde

Der letzte Ich-Trend lädt dich dazu ein, dich weg von der gesicherten autobiografischen Datenlage zu bewegen und Science-Fiction-Terrain zu betreten. Vielleicht in zwei Monaten, einem halben Jahr oder einem Jahr – wähle dir nun selbst einen Zeitpunkt in der Zukunft aus, an dem du deine Vorhersage überprüfen können wirst.

Beim avantgardistischen Trend darfst du ungehemmt fabulieren und den Geschmack von surrealen, aber äußerst verlockenden Prognosen kosten. Was ist an deinem Szenario weder vorstell- noch umsetzbar, aber dennoch faszinierend? Was könnte sich in ferner Zukunft bei dir abzeichnen, das gerade in deiner Fantasie erste kühne Formen annimmt? Was hast du bei anderen erlebt, gesehen oder gelesen, was für dich spannend wäre? Erlaube dir zu träumen und ein Stück weit zu spinnen: Was an dieser Entwicklung ist zwar Science-Fiction, aber doch nicht vollkommen abwegig? Wozu würde dich dieser Ich-Trend befähigen und ermutigen, und wo würde er dich hinführen? Welches Ich würde dir begegnen, mit wem würde es sich umgeben und was in deiner Umgebung auslösen?

Bereise eine Zukunft, die du durch ungewohnte Gedanken und originelle Gefühle beeindrucken kannst. Sei ein Pionier und begehre nicht nur das Wahrscheinliche, damit das Unwahrscheinliche ebenso Gestalt annehmen kann. Welches Erstaunen würde der Trend mit sich bringen? Über welche Superqualitäten würdest du verfügen? Welche Tabus brechen oder neuen Verhaltensweisen entwickeln?

Fass nun auch diesen Trend knapp zusammen: Welche Stimmung löst er in dir aus? Was daran findest du selbst zu kühn oder zu verrückt? Und wie könntest du das spezifische Gefühl, das du mit diesem Trend verbindest, dennoch hin und wieder erleben? Stell dir auch diesmal den Wecker in von dir selbst gewählten Abständen, um in deinen Gedanken an diesen Trend zu stöbern. Selbst wenn der Trend nicht eingetreten sein sollte, kannst du deine Notizen auf jeden Fall nutzen, um dich gelegentlich in einen Zeitgeist zu katapultieren, der zu fantastisch ist, um wahr zu sein – noch.

»Alles, was an Großem in der Welt geschah, vollzog sich zuerst in der Fantasie eines Menschen«, schrieb Astrid Lindgren. Sie selbst hatte sich sicher auch lange Zeit nicht vorstellen können, zu einer der berühmtesten Kinderbuchautorinnen überhaupt zu avancieren. Bewahre dir daher eine grundsätzliche Offenheit und verschiebe hin und wieder die Grenzen zwischen Fantasterei und realen Zukunftstrends.

Denn auch Zukunftsforscher dürfen träumen und sich aus der realen Zone hinauswagen.

Ich habe eine Vision

Was ist eine Vision? Meist wird sie beschrieben als eine Vorstellung, die sich auf die Zukunft bezieht. Eine Vision kann ebenfalls etwas anrüchig als Halluzination oder unerklärliche Erscheinung verstanden werden. Sie zu entwickeln, zu erhalten und ihr zu folgen kann dennoch zu einer ungeahnten Triebfeder werden. So hat sie schon manch einen dazu bewegt, weiter voranzugehen und sich nicht beirren zu lassen. Das beweist ein kurzer Blick in die Geschichte. Die französische Nationalheldin Jeanne d'Arc beispielsweise hatte im Traum eine Vision, die sie dazu veranlasste, im 15. Jahrhundert für die Unabhängigkeit

Frankreichs zu kämpfen und dafür ihr Leben zu opfern. Sie selbst war weder belesen noch mächtig, sie glaubte allein an Gott und an seinen Auftrag an sie, Frankreich zu befreien.

Oder der schwarze Bürgerrechtler Martin Luther King, der seine berühmt gewordene Rede gegen die Apartheid im Jahr 1963 mit *I have a dream* betitelte. Seine Vision beinhaltete den damals verwegen klingenden Traum, dass es eines Tages nicht mehr zähle, ob man schwarz oder weiß sei, sondern dass jeder einfach nur ein Mensch sei mit den gleichen Rechten und Pflichten. Ein von Gott auserwähltes Mädchen, das mit 19 Jahren hingerichtet wurde, und ein Bürgerrechtler, der Gleichheit und Gerechtigkeit auch für die schwarze Bevölkerung in den USA einforderte (und dafür ebenfalls mit dem Tod bezahlte): zwischen Jeanne d'Arc und Martin Luther King liegen fünfhundert Jahre, doch beide eint ein starker Traum.

»Wer Visionen hat, sollte zum Arzt gehen«, sagte einst Bundeskanzler Helmut Schmidt. Ist eine Vision ein Leitbild oder doch eher ein Fall für den Arzt?

In der folgenden Übung kannst du eine eigene Vorstellung von der Zukunft entwickeln, ohne dafür zum Helden der Menschheit zu werden, unerklärliche Erscheinungen zu haben oder zum Arzt gehen zu müssen. Du schreibst sie einfach auf, deine Vision von einem guten Leben. Sie kann dir ausreichend Kraft geben, um über dich selbst hinauszuwachsen.

Visionen in drei Etappen

Wie entwickelst du eine Vision? Indem du dir erlaubst zu träumen und schließlich daraus aufzuwachen. Nimm dir viel Zeit für deine Vision. Sie wird zu einem Fingerzeig, der dir die Richtung in deine Zukunft weisen kann. Du musst dich nicht sklavisch an sie halten, sprich, ihr immer gerecht werden, das würde dich nur einschränken und dir nicht erlauben, sie weiterzuentwickeln. Sie darf sich verändern, dich und deine Bedürfnisse spiegeln und über sie hinausgehen. Deine Vision gehört allein dir und muss sich nicht an anderen messen. Lass dich daher frei schreiben und auf dich vertrauen. Die Übung braucht mächtig viel Input, daher kannst du sie in Etappen machen. Du wirst unterschiedliche Visionen entwickeln können – eine von dir, eine von der Welt und eine von etwas, das über beides hinausgeht. Nimm dir zur Verstärkung an deinen Schreibplatz einen Gegenstand mit, der dir viel bedeutet. Vielleicht einen Stein, ein Schmuckstück, ein Bild oder ein Buch? Lass ihn über die Übung hinweg zu einem besonderen Talisman werden, der deine Vision sicher beschützt und dich zugleich an sie erinnert.

Ich-Vision

Überleg dir nun, wie du in der Zukunft sein möchtest. An welchem Ideal möchtest du dich selbst ausrichten? Welche Prinzipien sollen dich leiten? Welche Gedanken in dir zirkulieren? Von welchen Gefühlen willst du dich tragen lassen? Wonach möchtest du streben, und was soll dein Leben lebenswert und wertvoll machen? In welchen Tätigkeiten möchtest du dich wiederfinden und deine Vorstellung von Sinn gespiegelt sehen? Wo siehst du dich arbeiten? Wie willst du dich ausdrücken und dich zeigen?

Schenke deiner Vision von dir selbst kräftige Worte und starke Bilder, damit sie all deine Sinne berühren kann – dafür muss sie nicht sehr groß sein, aber groß genug, um dir Halt und eine Ausrichtung zu geben.

Meine Welt

Als Individuum ist man nicht nur sich selbst verpflichtet, sondern auch der Welt, in der man lebt. Denn isoliert lebt es sich denkbar einsam. Überleg dir daher, in welcher Gesellschaft du gern leben möchtest, und entwickle eine Vision von einer Welt, wie sie dir gefällt. Setz dir dabei keine Grenzen, um dich und diese von dir erträumte Welt nicht einzuengen. Denke, lebe und fühle weit über dich hinaus. Entwerfe spontan und mit Hilfe folgender Fragen ein Kollektiv, das deine Werte widerspiegelt und verstärkt. Eine gesunde Gemeinschaft – was stellst du dir darunter vor? Mit welchen Menschen willst du dich umgeben? Auf welche gemeinsamen Ziele dich verständigen? Was im anderen und dir selbst zum Erblühen bringen? Nach welchen Idealen und Vorstellungen soll sich diese Gesellschaft ausrichten? Welche Entwicklung kann in ihr möglich sein? Wie soll sie den Menschen betrachten? Was soll Kindern beigebracht werden, was dir vielleicht nicht vermittelt werden konnte? Welchen Beitrag möchtest du gern leisten und wie deinen Einfluss geltend machen?

Visionen – über meine Welt hinaus

Im letzten Teil der Übung verankere dich in etwas, was über deine Vorstellungen von dir und der realen Welt hinausgeht. Hier geht es um große Gedanken, die letztlich die Menschheit bewegen. Du schreibst, um dich und deine Welt neu zu entdecken. Was auch immer dir dabei in den Sinn kommt, ordne es nicht in richtig oder falsch, banal oder pathetisch ein. Lass dich auf dieses Experiment ein und beobachte neugierig, was aus dir herausprudelt. Denkst du, alles ist zufällig oder doch eher gelenkt? Glaubst du an etwas, das alles vereint und doch größer ist? Vielleicht empfindest du besondere Gefühle in der Natur oder in Bezug auf eine Weltanschauung oder Religion. Oder du berufst dich auf gesellschaftliche, familiäre oder kulturelle Wertvorstellungen und siehst dich als Teil davon. Was auch immer es ist, entwickle eine Vision, die dein Sein durchwirkt und es in einen größeren Kontext setzt. Wie sähe diese übergeordnete Vision aus? Und in welchen Momenten bist du diesem Ur-Gefühl bereits nahegekommen? Und: Was ist in deiner Vorstellung enthalten, was dir Sinn vermittelt, Erklärungen anbietet und dich stärkt, auch wenn du dich selbst gerade schwach fühlst? Welche inneren Bilder leiten dich? Mit welchen Ideen kannst du dich verbinden? An welchen Zusammenhang möchtest du gern glauben?

Beende die Übung in Ruhe und bewahre deine Gedanken an einem besonderen Platz auf. Dein Talisman, solltest du einen an deinen Schreibplatz gelegt haben, kann dich an deine Visionen erinnern. Richtest du den Blick auf ihn, so kannst du dich immer wieder zurückbesinnen: Wer du sein willst und in welcher Welt du dich aufgehoben fühlen kannst.

»Wer eine realistische, authentische, kluge Vision hat, braucht keinen Arzt«, erwidert der Zukunftsforscher Matthias Horx auf Helmut Schmidts Bemerkung. Meistens fällt eine veredelte Vision nicht unerwartet vom Himmel, sondern entsteht langsam und verändert sich synchron mit dir. Du kannst in sie hinein- oder aus ihr herauswachsen. Je besser du dich kennst, desto authentischer ist dein inneres Leitbild – unabhängig davon, ob andere ihm folgen, es gutheißen oder dich dessentwegen zum Arzt schicken wollen.

Wenn du abends einschläfst, vertraust du darauf, am nächsten Morgen wieder aufzuwachen. Spazierst du in die Welt hinaus, vertraust du darauf, wieder heil nach Hause zu finden. Sprichst du mit anderen, vertraust du darauf, von ihnen verstanden zu werden. Liest du ein Buch, vertraust du darauf, die Buchstaben entziffern zu können. Das sind vielleicht banale Beispiele, und dennoch: Ohne Vertrauen in deinen Alltag könnte dir nichts Vertrautes begegnen oder dazu werden. Welche Ängste müsstest du ausstehen, würdest du davon ausgehen, dass hinter jeder Ecke der Tod lauert? Ohne Vertrauen würde jeder Schritt Wagnis und Mühsal zugleich.

Eine zuversichtliche Einstellung hat wenig mit Naivität oder einer irrationalen Zukunftsmanie gemein, auch wenn diese nicht immer scharf voneinander zu trennen sind. Wie gelingt es daher, zu vertrauen, ohne vom nachlässigen Laissez-faire in den Schwitzkasten genommen zu werden und ohne alles kontrollieren und berechnen zu wollen?

In der folgenden Übung kannst du dein eigenes Verständnis von Vertrauen erkunden und seinen Wert erkennen. Dabei wirst du vielleicht überrascht sein, wie sehr du dir schon vertraust, wo dir mehr Zuversicht guttun würde und was alles durch eine 360-Grad-Perspektive möglich ist. Begreife die vielen Fragen dieser Übung daher als Impulse, um dich selbst in das unerschöpfliche Thema Vertrauen zu vertiefen.

Ich vertraue mir

Vertrauen bezieht sich auch auf dich, denn ohne dein Einverständnis könnte es nicht in die Welt ausstrahlen. Wie ließe

sich daher Selbstvertrauen interpretieren, wenn du es wortwörtlich begreifen würdest? Welche eigenen Fähigkeiten geben dir Zuversicht? Bei welchen Gelegenheiten konntest du
schon auf dich zählen? Was hat dir immer wieder Vertrauen
eingeflößt?

Manchmal wird das eigene Selbstvertrauen erschüttert, gerade
wenn einen etwas überwältig und über die eigenen Kräfte hinausgeht. In solchen Momenten ist es umso wichtiger, das Vertrauen in sich selbst zurückzugewinnen. Wie hast du die Verbindung zu dir in emotionalen Ausnahmesituationen gestärkt?
Wie bedeutsam Selbstvertrauen für dich ist, spürst du auch,
indem du das Gegenteil in Betracht ziehst. Was wäre, wenn du
dir nicht vertrauen würdest? Was würde dir fehlen? Womit
könntest du dieses Gefühl ersetzen? Und glaubst du, dass dich
eine gute Portion Misstrauen sogar anstacheln könnte? Manche
Menschen erleben fehlendes Selbstvertrauen und die damit
einhergehenden Ängste auch als Motor, um zu Höchstleistungen ansporrnt zu werden. Falls du ähnlich reagierst: Wie könntest du dir vertrauen und dich dennoch Herausforderungen
stellen?

Ich vertraue dem Leben

Erweitere nun deinen Radius: Worauf kannst du dich in deinem Leben verlassen? Vielleicht auf deine Freunde, deine Arbeit, deine Familie? Was gibt dir ein vertrautes Gefühl, das es
dir ermöglicht, dem Leben angstfrei entgegenzublicken? Schildere, welche Gründe dafür sprechen, dem Leben zu vertrauen,
und lass dabei auch scheinbar unbedeutende Beispiele nicht
aus. Worauf kannst du dich stützen? Wer oder was vermittelt
dir ein Gefühl, willkommen oder sogar angekommen zu sein?

Auch hier kannst du mithilfe des Gegenteils prüfen, wie wichtig Vertrauen ins Leben für dich ist. Wäre ein Leben mit Argwohn und Skepsis eine Alternative für dich? Was spräche aus deiner Sicht dafür? Wie würde sich die Welt verändern, wenn überall nur Misstrauen herrschen würde? Selbst- und Weltvertrauen ist ein Prozess, der sich nicht unabhängig von deinen Erfahrungen und Vorstellungen betrachten lässt. Nur: Je vertrauter du mit dir und der Welt bist, desto klarer wirst du einschätzen können, wo dein Vertrauen gerechtfertigt ist. Und falls du dich doch mal wie Rotkäppchen beim bösen Wolf täuschen solltest, musst du dein Herz nicht für seine Gutgläubigkeit strafen. Denn es mit permanentem Misstrauen zu schützen würde dich selbst mehr vergiften, als gelegentlich danebenzuliegen.

Ich vertraue der Zukunft

In die Zukunft zu vertrauen gilt als Königsdisziplin. Schließlich können die wenigsten sie vorhersehen. Außerdem: Wenn der Ausgang gewiss wäre, bräuchte es ja kein Vertrauen. Überlege dir daher, wie du normalerweise auf Ungewissheiten reagierst. Verunsichern oder beleben sie dich eher? Wie oft hat sich deine Vorahnung bewahrheitet oder dich vor bestimmten Erfahrungen bewahrt? Frag dich, wie du mehr vertrauen könntest, selbst ohne Vertrauensbeweise aus der Zukunft zu erhalten. Notiere dir, was dafür oder dagegen sprechen würde, wenn du hin und wieder mit deiner Erwartungshaltung spielst. In der Zukunft ist vieles möglich, wahrscheinlich und überraschend. Wähle daher bestimmte Bereiche in deinem Leben, wo du mal misstrauischer und mal bejahender zukünftigen Entwicklungen entgegensiehst. Das macht dich unabhängiger von reflexhaften Gefühlen, sodass du nicht immer wie gewohnt denken und handeln musst. Dein Leben selbst wird plötzlich spannender, weil du zwischen deinen Erwartungen hin und her wandern kannst, ohne dich an ihnen festzukrallen.

Vertrauen hat immer auch mit einer Portion Ungewissheit zu tun. Jeden Tag, jede Minute kann etwas passieren, die Wirklichkeit erstarrt niemals, und nichts ist wirklich vorhersehbar. Eine letzte verlässliche Sicherheit gibt es nicht, selbst wenn die Vorstellung etwas sehr Beruhigendes hat. Der Zufall ist ebenso wirklich wie das Wahrscheinliche. Das Leben und die eigenen Erwartungen werden verletzlich und fehlbar. Daher ist es sinnvoll, dich vorzubereiten, dich auf Erfahrungswerte zu berufen und zugleich spontan, gelassen und wach zu sein. Was hast du schließlich zu verlieren? Alles kontrollieren zu wollen. Im besten Fall die Angst. Und was kannst du gewinnen? Neue Möglichkeiten, neue Werte, neue Begegnungen. Und im allerbesten Fall ein unerschütterliches Vertrauen, das dich unbeschwerter, aber nicht einfältiger werden lässt – selbst wenn der Zufall wie ein Wirbelwind durch dein Leben fegen sollte.

Insight: 360 Grad Vertrauen

Larissa vertraut sich auf den zweiten Blick. Je mehr sie sich mit dem Thema beschäftigt, desto klarer erkennt sie, worauf sie sich jetzt schon verlassen kann. Qualitäten, die ihr nicht zuletzt als Mutter helfen, eine innige Beziehung zu ihrem Kind aufzubauen. Dadurch lernt sie, sich selbst und ihrem Instinkt immer mehr zu vertrauen.

Vertrauen in mich

Ich vertraue mir selbst nur in den Bereichen, in denen ich mir schon mehr als einmal bewiesen habe, dass ich darin richtig gut bin. Es ist, als ob ich ein Licht am Ende des Tunnels sehe, auf das ich zusteuere, ohne rechts und links zu gucken. Ist dieses Licht erreicht, erfüllt es mich mit Stolz und manchmal auch mit Ungläubigkeit, es geschafft zu haben. Mein Ehrgeiz ist also indirekt der Motor für das Vertrauen in mir, das ich leider oft über den Umweg einer bestandenen – meist mir selbst auferlegten – Prüfung erreiche. Und ja, es ist das Misstrauen, das mich anstachelt, und die Versagensangst ist mein Motor, um zu Leistungen angespornt zu werden. Ich selbst bin mein größter Kritiker.

Es stellt sich nun die Frage, wie ich mir selbst mehr vertrauen und mich zugleich Herausforderungen stellen könnte. Vielleicht würde es mir helfen, darauf zurückzublicken, was ich bereits in meinem Leben erreicht habe. Mit viel Fleiß, aber auch mit Intuition, der ich seit meinem Mama-Dasein immer mehr Vertrauen schenke. Die Liebe zu meiner Tochter lässt mich darauf vertrauen, das Richtige zu tun, eine gute Mutter zu sein. Schließlich möchte ich nur das Beste für sie. Anfangs übermannte mich die Angst, etwas falsch zu machen. Fragen wie »Was mache ich gegen Babys Dreimonatskoliken?« oder »Ist der Schnuller schädlich für Babys Kiefer?« raubten mir durch stundenlanges Recherchieren im Internet mehr Schlaf als das Baby selber. Aber irgendwann kam es: das Vertrauen in den eigenen Mutterinstinkt.

Vertrauen in das Leben

Freunde. Ich bin froh darüber, ein paar sehr gute, meist Mädels, in meinem Leben zu wissen. Ich liebe es, mit meinen Freundinnen den neuesten Klatsch auszutauschen und die immer gleichen Themen durchzukauen in der Hoffnung, vielleicht diesmal auf eine Lösung des Problems zu kommen. Oder einfach nur nebeneinander zu sitzen und die Sonne zusammen zu genießen. Egal, ob zu zweit, zu dritt, zu viert oder in einer Horde, Freunde geben mir ein Gefühl der Zugehörigkeit. Sie sind konstant in meinem Leben, sind für mich da, schenken mir ihr Vertrauen und haben stets ein offenes Ohr für mich. Nicht selten konnten sie mir schon helfen, Ängste zu überwinden und mir Schwächen einzugestehen, indem sie mir den Spiegel vor die Augen gehalten haben oder mir Mut zusprachen, wenn ich vor einer gefühlt aussichtslosen Situation stand. Nach solchen Gesprächen einer Lösung ein Stückchen näher zu sein oder einfach nur zu wissen, was als Nächstes zu tun ist, lässt mich Vertrauen in das Leben haben. Freunde ermöglichen es mir, kurz aufzuatmen und wieder nach vorne zu schauen. Dann sieht die Welt wieder ein bisschen anders, meist freundlicher aus.

Vertrauen in die Zukunft

Früher war es mir immer wichtig, einen Zukunftsplan zu haben. Dann kam alles anders, und nun bin ich gezwungen, ein bisschen planlos in die Zukunft zu schauen. Zu versuchen, im Hier und Jetzt zu leben, ist für mich eine große Herausforderung, die ohne Vertrauen in eine Zukunft, in der schon alles gut sein wird, nicht zu meistern wäre.

POST SCRIPTUM

»Sie konnte so zuhören, dass ratlose oder unentschlossene Leute auf einmal ganz genau wussten, was sie wollten. Oder dass Schüchterne sich plötzlich frei und mutig fühlten. Oder dass Unglückliche und Bedrückte zuversichtlich und froh wurden. Und wenn jemand meinte, sein Leben sei ganz verfehlt und bedeutungslos und er selbst nur irgendeiner unter Millionen, einer, auf den es überhaupt nicht ankommt und der ebenso schnell ersetzt werden kann wie ein Topf – und er ging hin und erzählte all das der kleinen Momo, dann wurde ihm, noch während er redete, auf geheimnisvolle Weise klar, dass er sich gründlich irrte, dass es ihn, genau so wie er war, unter allen Menschen nur ein einziges Mal gab und dass er deshalb auf seine besondere Weise für die Welt wichtig war.«

Mit diesem Zitat aus Michael Endes Buch *Momo* möchte ich den Epilog einläuten. Ich habe es vorangesetzt, weil Momo, die hellhörige Hauptfigur des Buches, eine Qualität des Zuhörens besitzt, die dem Rewriting ähnlich ist. Über die Prinzipien, Schreibformen und Übungen hinweg hast du dir selbst achtsam zugehört. Du hast deine Glaubenssätze aufgespürt; hast gelauscht, bis du deine authentische Stimme immer deutlicher hören konntest; du hast deine Gefühle untersucht, bis du sie verstehen und anders betrachten konntest. Und schließlich sind deine Formulierungen immer stärker zum Ausdruck deiner selbst geworden.

Indem du in dich hineingelauscht hast, ohne dir vorab eine Meinung über dich zu bilden, hast du nicht nur alte Muster aufgelockert, sondern entdeckt, welche Qualitäten in dir bereits vorhanden sind und nur darauf gewartet haben, gesehen und gehört zu werden. Gerade übers Reframing hast du mit neuen Perspektiven gewohnte Schreib- und Denkvorgänge selektieren und gezielt umschreiben können. Dabei hat das große Loslassen als Rewriting-Prinzip deine intuitive Seite gestärkt, denn nur, wer gelegentlich loslässt, kann sich auch im Vertrauen üben. Und ohne viel Anstrengung konntest du dich nebenbei in der Kunst der Improvisation schulen, weil die Übungen dir viel kreativen Freiraum gelassen hatten.

Das alles war dir vielleicht nicht immer bewusst, so wie Momo diese besondere Qualität für selbstverständlich hält. Aber allein, dass du dich dir schreibend selbst angenähert hast, hat mehr bewirkt, als jetzt vielleicht schon sichtbar ist. Weil du Zeit und Lust hattest, dem Menschen, der du bist, über jede Emotion hinweg aufs Neue neugierig zu begegnen – ohne ein »typisch ich« oder »das ist ja immer so«.

Mit dieser Selbst- und Weltoffenheit hast du dir indirekt erlaubt, über deine Selbstbilder hinauszuwachsen. Vielleicht konntest du dabei erkennen, dass du mehr bist als deine Gefühle und Gedanken. Sie können dich verändern, aber du sie eben auch.

Hast du dein Leben also umgeschrieben, weil du dir selbst einfach achtsam zugehört hast? So trivial ist es sicher nicht, auch wenn die Erkenntnisse lautlos über die Tastatur geglitten sind. Rewritend hast du dich auf große und kleine Veränderungen vorbereitet, Ideen entwickelt und verworfen, Gefühle entdeckt und Gedanken vertieft. Denn eine Verwandlung muss nicht immer mit Pauken und Trompeten daherkommen, um nachhaltig zu wirken. Momo hat nicht nur zugehört, so wie du nicht nur kreativ warst – sie hat auch herausgehört, was nicht gesagt wurde, und du hast herausgeschrieben, was zwischen den Zeilen erst noch unentdeckt war. Dahinter steckt die Gabe, dich selbst so anzunehmen, wie du bist, und dich Übung für Übung größer und liebevoller zu betrachten, selbst wenn die kritischen Stimmen in dir gelegentlich um die Wette geplärrt haben. Du warst mutig, kreativ und liebevoll – dir selbst gegenüber.

Die neuen Erfahrungen aus den Übungen zeigen dir, dass es eben auch anders geht – und zwar durch die Liebe zum Schreiben die Liebe zu sich zu entdecken und zu kultivieren. Und was auch immer während dieser Zeit an biografischen Texten entstanden ist, sie haben eingefangen, was in dir rumorte, geschützt, was dich berührte, und verworfen, was dir nicht das Gefühl gab, dass du auf ganz besondere Weise für die Welt und dich wichtig bist.

Mit dem Epilog ist das Buch zwar zu Ende, aber das Leben selbst bietet dir immer wieder Anfänge, um dich neu zu entdecken und zu überraschen. Was hoffentlich immer bleibt, ist deine Freude am Schreiben und am Sein. Beides kannst du gestalten, indem du mit dem Herzen in dich hineinhorchst. Das wünsche ich dir Tag für Tag, Buchstabe für Buchstabe.

Selbsterkenntnis und eigenwirksames Schreiben sollten nie enden, einfach, weil beide so spannend und bereichernd sind. Wenn du deine kreative Selbstentdeckungstour erweitern willst, findest du auf meiner Website www.coaching-milovic.de mehr Informationen zu Seminaren und individuellem Coaching.

QUELLEN

Zitatnachweise

Zsuzsa Bank: *Die hellen Tage.* Frankfurt am Main: S. Fischer Verlag 2014. S.515.

Michael Ende: *Momo oder Die seltsame Geschichte von den Zeit-Dieben und von dem Kind, das den Menschen die gestohlene Zeit zurückbrachte.* Stuttgart/Wien: Thienemann Verlag 2005. S.15.

Hermann Hesse: *Die Gedichte.* Berlin: Insel Verlag 2001.

Leo Lionni: *Frederick.* Weinheim/Basel: Minimax bei Beltz & Gelberg 2004.

Kim McMillen: *When I Loved Myself Enough.* London: Pan MacMillan 2001.

Anais Nin: *Ich suche das Leben. Die frühen Tagebücher 1927-1929.* München: nymphenburger in der F.A. Herbig Verlagsbuchhandlung 1999. S.153

Elif Shafak: *Die vierzig Geheimnisse der Liebe.* Zürich-Berlin: Kein & Aber 2013.

Weiterführende Literatur

Julia Cameron: *Der Weg des Künstlers.* München: Droemer Knaur 2009.

Mason Currey: *Daily rituals. How great minds make time, find inspiration and get to work.* London: Picador 2014.

Erich Fromm: *Haben oder Sein.* München: Deutscher Taschenbuch Verlag 2004.

Friedrich Glasl: *Selbsthilfe in Konflikten. Konzepte, Übungen, praktische Methoden.* Stuttgart: Verlag Freies Geistesleben 2011.

Silke Heimes: *Schreib es dir von der Seele. Kreatives Schreiben leicht gemacht.* Göttingen: Vandenhoeck & Ruprecht 2015.

Carmen Kindl-Beilfuß: *Fragen können wie Küsse schmecken. Systemische Fragetechniken für Anfänger und Fortgeschrittene.* Heidelberg: Carl-Auer Verlag 2017

Hanns-Josef Ortheil: *Schreiben über mich selbst. Spielformen autobiografischen Schreibens.* Berlin: Duden 2015.

Anna Platsch: *Schreiben als Weg. Von der kreativen Kraft des Wortes.* Bielefeld: Theseus Verlag 2009.

Marie Lampert, Rolf Wespe: *Storytelling für Journalisten.* Konstanz: UVK Verlagsgesellschaft 2012.

Gabriele Lusser Rico: *Garantiert schreiben lernen. Sprachliche Kreativität methodisch entwickeln – ein Intensivkurs auf der Grundlage der modernen Forschung.* Reinbek bei Hamburg: Rowohlt Verlag 2004.

Serena Rust: *Wenn die Giraffe mit den Wolf tanzt. Vier Schritte zu einer einfühlsamen Kommunikation.* Burgrain: Koha-Verlag 2014

Steve de Shazer, Yvonne Dolan: *Mehr als ein Wunder. Lösungsfokussierte Kurztherapie heute.* Heidelberg: Carl-Auer Verlag 2013.

Paul Watzlawick: *Vom Schlechten des Guten oder Hekates Lösungen.* München: Piper Verlag 2013.

Irvin D. Yalom: *Der Panama-Hut oder Was einen guten Therapeuten ausmacht.* München: btb Verlag 2010.